CB014298

DeROSE

Professor Doutor *Honoris Causa* pelo Complexo de Ensino Superior de Santa Catarina
Comendador pela Secretaria de Educação do Estado de São Paulo, Núcleo MMDC Caetano de Campos
Comendador pela Ordem do Mérito Farmacêutico Militar, do Exército Brasileiro

Doctor *Honoris Causa* by the Complex of Higher Education of Santa Catarina
Commander, by the Department of Education of the State of São Paulo, Nucleus MMDC Caetano de Campos,
Honorary Commander, by the Military Pharmaceutical Order of Merit, of the Brazilian Army

MEDITAÇÃO
E AUTOCONHECIMENTO

MEDITATION
AND SELF KNOWLEDGE

Selo editorial
Published by

EGRÉGORA
www.DeROSEMethod.org

PERMISSÃO DO AUTOR PARA A TRANSCRIÇÃO E CITAÇÃO

AUTHOR'S PERMISSION FOR TRANSCRIPTION AND CITATION

PROF. DeROSE

MEDITAÇÃO
E AUTOCONHECIMENTO

A VERDADE DESVENDADA A RESPEITO DESSA TÉCNICA
ADOTADA POR MILHÕES DE PESSOAS NO ORIENTE E NO OCIDENTE

MEDITATION
AND SELF KNOWLEDGE

THE TRUTH UNVEILED ABOUT THIS TECHNIQUE
ADOPTED BY MILLIONS OF PEOPLE IN THE EAST AND WEST

DeRoseMethod.org
facebook.com/ProfessorDeRose
youtube.com/metodoDeRose
DeRoseMethod.org/blogdoDeRose
instagram.com/ProfessorDeRose

Al. Jaú, 2000 · São Paulo SP · tel. (+55 11) 3081-9821
55, Murray Street – New York – NY · USA

Paris – London – New York – Roma – Madrid – Barcelona – Buenos Aires – Lisboa – Porto – Rio – São Paulo

Projeto editorial, digitação e ilustração em Word: DeRose

Editorial design, typing and illustration in Word: DeRose

Capa / Cover: Patricia Gomiero

Ilustrações / Ilustrations: Takeshita e Diego Nogueira

Revisão desta edição: Fernanda Neis

Revisão de português: Vênus Santos

Tradução / Translation: John Conway Chisenhall, Fabio Martins e Nicole Pieper

Revisão do inglês: Stephanie Powell, Amanda Deitsch, Tim Whiteside,

General review: Fernanda Neis, Tim Whiteside, Rob Langhammer, John Conway Chisenhall

Revisão de formatação: Cláudio Lelli

Revisão de gráfica: Federico Giordano

Produção gráfica: DeROSE Editora

Impressão / Print: Rettec Artes Gráficas Ltda.

1st English paperback edition: 2018

A Editora não responde pelos conceitos emitidos pelo autor.

The Publisher is not liable for the ideas expressed by the author.

Este livro é um extrato do **Tratado de Yôga**, do mesmo autor.

This book is extracted from the **Treatise of Yôga**, by the same author.

Pedidos deste livro podem ser feitos para:

DeROSE Editora – Alameda Jaú, 2000 – cep: 01420-002, São Paulo, SP – Brasil ou para

egregorabooks.com

You can order this book from: Office@neislanghammer.com or

egregorabooks.com

Dados Internacionais de Catalogação na Publicação

D278   De Rose, 1944-
        Meditação e autoconhecimento : a verdade desvendada a respeito dessa
técnica adotada por milhões de pessoas no Oriente e no Ociente = Meditation
and self knowledge : the truth unveiled regarding this technique adopted by
millions of people in the East and West / Comendador DeRose. – São Paulo :
Egrégora, c1995.

        [202] p. : il. color.

        ISBN: 978-85-62617-50-8
        1st English edition: 2018.

        1. Meditação. 2. Corpo e mente. 3. DeRose, Método. I. Título. II. Título
equivalente.

                                            CDD (23. ed.): 158.12

Maria Emília Pecktor de Oliveira
Bibliotecária – CRB-9/1510

Índice Geral
Content

Pronúncia do sânscrito..8
Pronouncing Sanskrit..9
Mensagem da Meditação..10
Message of meditation..11
A proposta dos nossos livros...12
The purpose of our books...13
Meditação (dhyána)..18
Meditation (dhyána)...19
Desperte!..22
Meditação é uma técnica?..22
Wake up!..23
Is meditation a technique?...23
Meditação é parte do Yôga..24
Meditation is part of Yôga...25
Meditantes que não praticam Yôga................................26
Meditators who do not practice Yôga...........................27
A parábola da lagoa...28
The parable of the lake..29
A superfície do lago...30
The surface of the lake..31
O lótus e os quatro elementos.......................................32
Os pés na terra e a cabeça no céu.................................32
Os quatro angas superiores...32
The lotus and the four elements..................................33
Keep your feet on the ground and your head in the stars........33
The four superior angas...33

O lótus da meditação 34

The meditation lotus 35

O mais denso eclipsa o mais sutil 38

The denser eclipses the subtler 39

Rámakrishna e o macaco 42

O combustível da mente é a dispersão 42

Rámakrishna and the monkey 43

The mind is a mechanism fueled by distraction 43

Dispersões 44

Diversions 45

Não se deixe manipular 50

"Será que estou meditando?" 50

Don't let yourself be manipulated 51

"Am I meditating?" 51

Como saber se está em meditação ou em auto-hipnose? ... 52

How do you know if you are meditating or in a state of self-hypnosis? 53

Os três graus de meditação 56

The three degrees to attain meditation 57

A diferença entre quem medita e quem não medita 64

The difference between people who meditate and those who do not meditate 65

Degraus evolutivos e as cenouras 66

Evolutionary steps and the carrots 67

Abstração (pratyáhára) 70

Concentração (dháraná) 70

Sensory abstraction (pratyáhára) 71

Concentration (dháraná) 71

Meditação (dhyána) 72

Meditation (dhyána) 73

Dhyanásanas 78

Dhyánásanas 79

Hiperconsciência (samádhi) 80

Hyperconsciousness (samádhi) 81

Exercícios 82

Exercises 83

O despertar da consciência cósmica 96

Awakening the cosmic consciousness 97

DeRose, em 1972.
DeRose, in 1972.

Pronúncia do Sânscrito

Em alguns momentos, vamos sublinhar a sílaba tônica dos termos sânscritos para facilitar a leitura correta. Noutras sentenças deixaremos sem o *underline* para que o leitor se habitue a observar a pronúncia correta mesmo quando não houver essa sinalização.

O acento indica apenas onde está a sílaba longa, mas ocorre que, muitas vezes, a tônica está noutro lugar. Por exemplo: Pátañjali pronuncia-se "*Patãnjali*"; e kundaliní pronuncia-se "*kúndaliní*". O efeito fonético aproxima-se mais de "kúndaliníí" (jamais pronuncie "*kundalíni*"). Para sinalizar isso aos nossos leitores, vamos sublinhar a sílaba tônica de cada palavra. Se o leitor desejar esclarecimentos sobre os termos sânscritos, recomendamos que consulte o Glossário, do livro ***Tratado de Yôga***. Sobre a pronúncia, ouça o CD ***Sânscrito Treinamento de Pronúncia***, gravado na Índia pelo Professor DeRose. Para mais conhecimentos, o ideal é estudar os vídeos do ***Curso Básico***.

Ouça a pronúncia correta de termos sânscritos, de uma gravação feita na Índia, com a voz de um professor nativo, abrindo o seguinte link de áudio:

derose.co/glossario-sanscrito

PRONOUNCING SANSKRIT

In order to improve the correct reading of Sanskrit terms, we will at times underline the tonic stress syllable. In other sentences, we will omit the underlining so the reader can get used to pronouncing correctly even without the notational support.

The usage of diacritical marks (accents) indicate a long syllable. It is often the case that the tonic stress and the long syllable are different. We will also underline the tonic stress. For instance: Pátañjali is pronounced "Pataanjali"; and, kundaliní is pronounced "kúndalinee" (never pronounce it "kundaleeni"). If the reader desires further clarifications about Sanskrit terms, we recommend consulting the glossary of the **Treatise of Yôga**. *If you want to hear the pronunciation, we recommend listening to the* **CD Sanskrit - Pronunciation Training**, *recorded in India by Professor DeRose. Finally, you can also study our* **Basic Course** *videos.*

If you would like to listen to the correct pronunciation of Sanskrit terms, you can access the link below to listen to an Indian teacher, recorded in India:

derose.co/glossario-sanscrito

Mensagem da Meditação

Escrita em 1967.

O Templo da Paz está dentro de ti. De nada adianta buscá-lo lá fora. Em teu coração jaz o recanto somente acessível a ti próprio e ao qual ninguém poderá penetrar. O nome desse Templo é Anáhata e ele constitui o teu refúgio indestrutível. A ele deves recolher tua mente pela manhã e à noite, a fim de manter o caminho aberto e livre de erva daninha. Nele deves penetrar em busca de ti próprio duas vezes por dia para cuidar do asseio de teu Templo Interior. Imagina que, tão logo cerres os olhos, teu coração se torna luminoso como um Sol e nele penetra a tua consciência, como se fora o recinto de um Templo material. Visualiza um aposento acolhedor e suave, banhado numa luz azul celeste diáfana e numa temperatura amena. A Harmonia das Esferas se faz ouvir na forma de melodia tranquila e celestial. Coloca ao Oriente uma chama votiva na qual hás de incinerar teus momentos de amargura em holocausto de tolerância à Chispa Divina que habita em ti.

Áudio: http://derose.co/tratado-mensagem-meditacao

Message of Meditation

Written in 1767

The temple of peace is within you. It will do no good to look outside of yourself. In your heart lies the haven that is only accessible to you, and to no one else. The name of this Temple is Anáhata, and it constitutes your indestructible refuge. Into it you should withdraw your mind in the morning and at night so as to maintain the path open and free of weeds. You should dive deeply into it, in search of yourself twice a day, to care for the orderliness of your Interior Temple. Imagine that, as soon as you close your eyes, your heart turns into a luminous sun which penetrates your consciousness, as if it were the chamber of an actual Temple. Visualize a warm and cozy place, bathed in diaphanous celestial blue. The Harmony of the Spheres can be heard in the form of a tranquil and celestial melody. Place in the East a votive flame in which you shall incinerate your moments of bitterness, as an offering to the Divine Spark that inhabits within you.

A PROPOSTA DOS NOSSOS LIVROS

A proposta desta coleção é proporcionar aos estudiosos o resultado de uma pesquisa desenvolvida durante mais de 60 anos, sendo 25 anos de viagens à Índia. É o resgate da imagem de uma tradição ancestral que, fora da nossa linhagem, já não se encontra em parte alguma.

Muito se escreveu e escreve-se sobre meditação, mas quase nada há escrito sobre a cultura da qual surgiu, que é muito mais fascinante. O fundamento filosófico desta tradição é uma peça viva de arqueologia cultural, considerada extinta na própria Índia, seu país de origem há mais de 5000 anos.

O que é raro é mais valioso, no entanto, independentemente desse valor como raridade, a tradição filosófica Pré-Clássica é extremamente completa e diferente de tudo o que você possa estereotipar. Além disso, ao estudar essa modalidade, temos ainda a satisfação incontida de aprender os ensinamentos originais, logo, os mais autênticos. Não obstante, como estudar a filosofia mais antiga se não há quase nenhuma bibliografia disponível?

No início não existia a escrita e o conhecimento era passado por transmissão oral. Depois, no período Clássico da Índia, por volta do século III a.C., não existia a imprensa, os livros tinham de ser escritos a mão e reproduzidos um a um pelos copistas, o que tornava o produto literário muito caro e as edições bem restritas. Por essa época havia uma quantidade irrisória de obras e uma tiragem de sucesso teria algo como uma centena de exemplares. Dessa forma, foi relativamente fácil perderem-se obras inteiras, por incêndios, terremotos, enchentes, guerras ou, simplesmente, por perseguições ideológicas. Não nos restou quase nada.

THE PURPOSE OF OUR BOOKS

The purpose of this collection is to present the findings of over sixty years of research; twenty five of which were spent traveling in India. These findings have brought to light an ancestral tradition that is on the brink of extinction.

Meditation is a widely discoursed topic, but almost nothing has been written about the extremely fascinating ancient culture from which it emerged. The philosophical foundation of this tradition is a living exhibit of cultural archaeology. Yet, it is considered extinct in India, where it originated more than five thousand years ago.

This Pre-Classical philosophical tradition is extremely complete and different from any stereotype anyone has devised. Moreover, as we study this tradition, we experience a deep satisfaction of learning the original, authentic, teachings. However, how can we study this ancient philosophy if there is no readily available bibliography?

In ancient Pre-Classical times, there was no written word and knowledge was transmitted orally. Later, in India's Classical Period (around the third century BCE), there was writing, but no printing press. The books had to be hand copied, which made such literary products very expensive and editions were limited. In this period, books were a rarity and a "best-seller" would be counted in hundreds of copies. As such, it was relatively easy to lose entire works due to fires, floods, earthquakes, wars and even ideological persecution. There is almost nothing left for us today.

Por outro lado, dos textos modernos praticamente tudo foi preservado. Primeiro, devido ao menor decurso de tempo que transcorreu entre a época da publicação e o momento presente. Depois, com o barateamento dos livros, graças ao advento da tipografia, muito mais obras foram escritas e suas tiragens alcançaram a cifra dos milhares de cópias. Assim, sempre haveria uns quantos exemplares em outro local quando ocorressem os incêndios, os terremotos, as enchentes, as guerras ou as perseguições.

O resultado disso é que hoje quase todos os livros, escolas e professores de filosofia hindu são de linha Medieval ou fortemente influenciados por ela. O assim chamado Yôga Contemporâneo (que é do século dezenove), por exemplo, ainda não teve tempo suficiente para uma produção editorial relevante. Pior: a maior parte está contaminada pelos paradigmas da fase anterior e confunde-se com o Medieval, até pelos próprios jargões utilizados e pela distorção do significado dos termos técnicos aplicados.

Assim sendo, sem dispor de vias já trilhadas por estudiosos anteriores, para chegar aonde cheguei, foi necessário ir revolvendo, polegada por polegada, o entulho dos séculos. Primeiramente analisei o Período Contemporâneo. Depois, voltando para o passado mais próximo, esquadrinhei a vertente do período anterior, o Medieval[1]. Em 1975, passados uns bons 15 anos de estudos, tendo esgotado a literatura disponível, estava na hora de viajar à Índia pela primeira de muitas vezes, para pesquisar in loco. Em Bombaim (hoje, Mumbai), enfurnei-me no Período Clássico; e nos Himálayas em tradições, talvez, mais antigas. Um belo dia, descortinei uma modalidade que ficara perdida durante séculos: o legado Pré-Clássico. Mais de 20 anos se passaram, durante os quais, indo e vindo da Índia, tratei de aprofundar minha pesquisa nos Shástras, na meditação e nos debates com swámis e saddhus de várias Escolas. O resultado foi impactante e pode mudar a História.

Desejo uma boa leitura a você.

---

1 Numa história de 5000 anos, Medieval é considerado Moderno. Estude o quadro da Cronologia Histórica, que é explicado em detalhe no meu livro *Tratado de Yôga*.

On the other hand, the preservation of modern texts (from the Medieval Period) is complete. Firstly, because less time has elapsed since they were produced. Secondly, thanks to the printing press, books became cheaper, more works were written and editions could easily reach thousands of copies. Therefore, if there were to be any natural (or human) disasters, there would be some copies elsewhere.

As a result, nearly all books, schools and teachers teach the medieval perspective of this ancient culture, or are strongly influenced by it. The contemporary period (from the 19th century onwards) is yet to have enough time to produce a relevant literary collection. Adding insult to injury, most of today's literature is influenced by medieval paradigms, including the language style and technical terminology.

This meant that I had to search, inch by inch, through the debris of centuries, without any aid from past scholars. I first started my analysis in the contemporary period. Next, I researched the previous period, the medieval period[2]. In 1975, after fifteen years or research, I had exhausted all available literature. It was time for my first, of many, trips to India to research in loco. In Mumbai, I dug into the Classical teachings. I surveyed traditions that were perhaps even older, in the Himalayas. And then I uncovered something that had been lost for centuries, the Pre-Classical period. More than twenty years passed. I travelled back and forth to India. I added more depth to my research in the Shástras, in meditation and in the debates with swámis and saddhus from various schools. The results were astonishing and may even change history.

I hope you enjoy the book.

---

2 The medieval period is comparatively modern, given a historical period of 5000 years. Study the chart Historic Chronology, which is explained in detail in my book, **Treatise of Yôga**.

Professor DeRose
The author

CRONOLOGIA HISTÓRICA DO YÔGA					
DIVISÃO	YÔGA ANTIGO		YÔGA MODERNO		
DURAÇÃO	4000 ANOS		1000 ANOS		
TENDÊNCIA	Sámkhya		Vêdánta		
PERÍODO	Yôga Pré-Clássico	Yôga Clássico	Yôga Medieval		Yôga Contemporâneo
ÉPOCA	Mais de 5000 anos	séc. III a.C.	séc. VIII d.C.	séc. XI d.C.	Século XX
MENTOR	Shiva	Pátañjali	Shankara	Gôrakshanatha	Rámakrishna e Aurobindo
LITERATURA	Upanishad	Yôga Sútra	Vivêka Chúdámani	Hatha Yôga	Vários livros
FASE	Proto-Histórica	Histórica			
FONTE	Shruti	Smriti			
POVO	Drávida	Árya			
LINHA	Tantra	Brahmacharya			

Quadro extraído do livro *Tratado de Yôga*, deste autor.

No quadro acima, o Yôga Pré-Clássico está sombreado por se encontrar no limbo da História oficial, pois há quem declare que esse Yôga Primitivo não existiu (!), conquanto continuem surgindo mais e mais evidências da existência de um Yôga anterior ao Clássico.

HISTORIC CHRONOLOGY OF YÔGA					
DIVISION	ANCIENT YÔGA		MODERN YÔGA		
DURATION	4000 YEARS		1000 YEARS		
TENDENCY	Sámkhya		Vêdánta		
PERIOD	Pre-Classical Yôga	Classical Yôga	Medieval Yôga		Contemporary Yôga
EPOCH	More than 5000 years ago	3RD Century BCE	8TH CE	11TH CE	20TH Century
MENTOR	Shiva	Pátañjali	Shankara	Gôrakshanatha	Rámakrishna e Aurobindo
LITERATURE	Upanishad	Yôga Sútra	Vivêka Chúdámani	Hatha Yôga	Several books
PHASE	Proto-Historic	Historic			
SOURCE	Shruti	Smriti			
PEOPLE	Dravidian	Árya			
LINE	Tantra	Brahmacharya			

Table extracted from the book *Treatise of Yôga*, by Professor DeRose.

In this table, Pre-Classical Yôga is shaded because it is in the limbo of "official" History, although more and more evidence continues to arise confirming the existence of a Yôga prior to Classical Yôga.

MEDITAÇÃO (DHYÁNA)

É claro que nós cientistas usamos a intuição.
Conhecemos a resposta antes de ir checá-la.
Linus Pauling,
Prêmio Nobel de Química.

Meditação é uma palavra inconveniente para definir a prática chamada dhyána, em sânscrito, já que essa técnica consiste em parar de pensar a fim de permitir que a consciência se expresse através de um canal mais sutil, que está acima da mente. No entanto, o dicionário define *meditar* como pensar, refletir.

O termo dhyána pode ser usado tanto para designar o exercício de meditação, quanto o estado de consciência obtido com essa prática. Ela consiste em concentrar-se e não pensar em nada, não analisar o objeto da concentração, mas simplesmente pousar a mente nele até que ela se infiltre no objeto. "Quando o observador, o objeto observado e o ato da observação se fundem numa só coisa, isso é meditação", dizem os Shástras. Portanto, o melhor termo em nossa língua para definir esse fenômeno é *contemplação*.

Por outro lado, não queremos alimentar o falso estereótipo popular de que os meditantes sejam "contemplativos". Assim sendo, essa palavra que melhor define dhyána torna-se inconveniente no momento atual.

Então, resta-nos uma outra designação. O estado de consciência que os britânicos do século XVIII arbitraram chamar de *meditation* é, na verdade, um tipo de intuição, ou seja, o mecanismo que possuímos para veicular a consciência, o qual está localizado acima do organismo mental. Intuição, todos já tivemos uma manifestação desse fenômeno, alguns mais outros menos. Trata-se de um canal que nos traz o conhecimento por via direta, sem a interferência do intelecto. Foi intuição aquele episódio familiar ou profissional no qual você sabia do fato, embora ninguém lhe tivesse dito, telefonado, escrito ou comunicado por meio racional algum. Simplesmente, você o **sabia**.

MEDITATION (DHYÁNA)

It is through science that we prove,
But through intuition that we discover.
Henri Poincare

Meditation *is an inadequate term to define the technique of dhyána. The Sanskrit term dhyána is a technique that consists of stopping your thoughts to allow your consciousness to express itself through a subtler channel – above the mind. Nevertheless, the dictionary defines* meditation *as continued extensive thought.*

The term dhyána can be used to refer to the execution of the technique, as well as the state of consciousness attained during this practice. Dhyána consists of concentrating on an object and thinking of nothing else. Instead, simply place your mind on the object of concentration, without analyzing it, until the mind infiltrates it. According to the Shástras, meditation is: "When the observer, the observed object and the act of observation fuse into one". Therefore, the best term to define this phenomenon is contemplation.

However, this definition typically leads to the false stereotype that portrays people who meditate as "contemplative", day dreamers. Therefore, the word that best describes dhyána can also be misleading.

*Fortunately, a third definition exists. This specific state of consciousness, arbitrarily named meditation by eighteenth century British scholars, is a type of intuition. It is our mechanism to express consciousness that exists above the mental plane. Everyone has, at some point, experienced the phenomenon of intuition, some people more and some less. Intuition is a channel through which we attain knowledge directly, without any interference from the intellect. When you just knew something about your family or your work to be true, without ever having been told about it, this was intuition. You just **knew** it.*

Profissionalmente, academicamente, cientificamente, talvez você o tenha deixado passar por não dispor de um respaldo racional, uma documentação, uma pesquisa, uma bibliografia... No entanto, se tivesse lançado mão daquele conhecimento intuicional, teria passado à frente da concorrência, teria feito uma grande descoberta científica muito além do seu tempo. Depois, bastaria procurar a documentação adequada, suas estatísticas necessárias para fundamentar o que você já sabia – fundamentá-lo apenas para que os seus pares não pudessem questionar as suas fontes[3].

A intuição comum é como o *flash* de uma câmera fotográfica, só que não tem dimensão em termos de tempo. É um *insight*. Mas, sob treinamento, é possível desenvolver uma outra forma de intuição que se manifesta como o *flash* de uma filmadora, que acende e permanece aceso por um tempo. Chamamos a esse fenômeno intuição linear, quando conseguimos manter a intuição fluindo voluntariamente por um segundo inteiro – ou mais. Essa é a definição perfeita para o termo sânscrito dhyána.

Porém, não podemos usá-lo, já que ninguém saberia a que queríamos nos referir. Somos, portanto, obrigados a voltar para a opção inicial e utilizar mesmo o vocábulo meditação, pois, embora inexato, é aceito universalmente, inclusive na Índia.

Por outro lado, quase ninguém sabe o que é meditação. Nem no Ocidente, nem no Oriente. São poucos os Mestres que sabem de que estão falando e menos ainda são os discípulos que os compreendem.

Muita gente acha que meditar é reduzir a consciência, mas é o contrário. É aumentá-la, é expandi-la, é adquirir mais lucidez. Por isso, seu veículo é chamado superconsciente. Há muitos grupos de meditação que não sabem explicar o que fazer para atingir esse estado expandido de consciência e mandam simplesmente você se sentar e ficar quieto.

---

3 A menos, é claro, que você já tenha conquistado uma posição que lhe permita pontificar. Certa vez, eu já tinha mais de 40 anos de profissão, barbas brancas e uma vasta obra literária publicada em vários países das Américas (inclusive Estados Unidos) e Europa, quando fui interpelado por um professor de Yôga indiano que, impressionado com o grande volume de informações contidas no meu livro *Tratado de Yôga*, cobrou-me com uma cara de inveja: "Sim, este livro é muito completo, mas... quais foram as suas fontes?" Percebi na voz do interlocutor uma atitude de querer questionar e achei por bem não dar satisfações ao oponente. Preferi responder, sorrindo-lhe cordialmente: "Há escritores que precisam recorrer a fontes e há os que são fontes." É claro que, depois do gracejo, mostrei-lhe minhas fontes e documentação. No caso do professor em questão, essa atitude foi imperativa para preservar o respeito pelo nosso trabalho, contudo, não recomendo essa atitude a ninguém, pois correria o risco de passar por arrogante.

It is very likely that you ignored your intuition in your field of work (academic, scientific or professional) because you did not have a rational explanation, documentation, or bibliography to support it. However, had you used your intuition, you would have been ahead of the competition, you could have made a great scientific discovery ahead of its time. Later, you could have found the adequate support material, documentation, statistics etc. for what you already knew – in order to provide the evidence so no one could question you.

Commonplace intuition is like a photographic flash. It is an insight. However, with training, it is possible to develop another form of intuition that is more like the lighting of a movie – it comes on and stays on. We call this phenomenon, linear intuition. It means to voluntarily maintain your intuition flowing for a whole second, or longer. Linear intuition is the perfect definition of dhyána.

However, we cannot use the term linear intuition as no one would understand what was meant by it. We are, therefore, forced to use the term meditation. Although it is imprecise, it is universally accepted, even in India.

What I have learned over the decades is that almost no one knows what meditation is. This is as true in the West as it is in the East. There are very few Masters who know what they are talking about, and even fewer disciples who understand them.

Many people think that meditation is about reducing our awareness, relaxing, but in fact it is the opposite. Meditation is an expansion of consciousness. It is gaining lucidity. It is a state of superconsciousness.

There are many meditation groups and schools that don't know how to explain what you should do to attain this expanded state of consciousness. They simply tell you to sit down and be quiet.

DESPERTE!

Já escutei um orientador declarar que "quando termino de dar meditação, as pessoas despertam mais felizes e relaxadas" (!) Como assim *despertam*? Por acaso estavam dormindo? É exatamente o contrário. Quando alguém entra em meditação sente como se tivesse estado a dormir por toda a sua vida e agora, na meditação, tivesse acordado. Meditar é o despertar. Não meditar ou terminar a meditação e voltar ao estado mental é entrar num processo de hibernação da consciência. É como blindar a lucidez com uma pesada armadura de lógica e raciocínio.

Lembro-me de uma "professora" que me visitou há mais de 30 anos, querendo dar aulas de meditação na minha escola. Por uma questão de cortesia, procurei dar-lhe toda a atenção e perguntei qual era a sua linha. Ela me respondeu que era de todas. Bem, a partir daí, percebi que não tinha conhecimento algum, pois uma pessoa não pode ser de todas as linhas, uma vez que elas são antagônicas. Então, perguntei como era o seu método. Respondeu-me que mandava a pessoa sentar-se, fechar os olhos e meditar. "Sim – questionei –, isso é o que o praticante faz com o corpo. Mas e para meditar, qual é a técnica?" Ela repetia a mesma fórmula e quanto mais eu procurava entender, mais irritada ficava, pois, simplesmente, não sabia o que dizer. Conseguia enganar um leigo, no entanto, ao perceber-se defrontada com uma pessoa que conhecia o assunto, tornara-se acuada.

MEDITAÇÃO É UMA TÉCNICA?

Há cerca de 40 anos eu participava de um programa semanal na TV Bandeirantes e sempre no mesmo dia, todas as terças-feiras, também dissertava o conceituado filósofo brasileiro Huberto Rodhen. Embora meu amigo pessoal, no programa nós defendíamos pontos de vista divergentes sobre a meditação. Rodhen, notável espiritualista, não podia admitir que uma prática "espiritual" (no seu entender) pudesse ser alavancada por uma simples técnica. Então, todas as terças-feiras ele ia ao ar antes de mim e me alfinetava:

WAKE UP!

Once, I heard a teacher say, "When I conclude the meditation class, everyone wakes up happier and relaxed" (!) What? What do you mean wake up? Were they, by chance, sleeping? Meditation is exactly the opposite of this. When someone enters the state of meditation they feel as if they had been asleep for their entire life and now, in the state of meditation, they have awoken. To meditate is to wake up. When you are not meditating, or when you finish meditating and return to the mental state, you enter a process of hibernation of the consciousness. It is as if you are shielding your lucidity with a heavy armor of logic and reason.

I remember a "teacher" who visited me more than thirty years ago. She wanted to give meditation classes at my school. I welcomed her out of common courtesy, and I asked her about her lineage. She told me that she adopted all of them. From that point onwards I realized she had no knowledge about meditation. No one can follow all lineages as they are incompatible. So, I asked her how her method worked. She said that she told people to sit down, close their eyes and meditate. "Yes", I answered, "this is what the students will do with their body. But what technique do you use to meditate?" She repeated the same lines and the more I tried to understand her, the more irritated she became. She simply, did not know what to say. She was able to fool a layman, but when she noticed that she was in the presence of someone familiar with the subject, she became defensive.

IS MEDITATION A TECHNIQUE?

About forty years ago, I was a panelist on a weekly TV show. Every Tuesday, Huberto Rodhen, a respected philosopher, came on before me. Although we were friends, on the show, we defended divergent points of view about meditation. Rodhen, a noteworthy spiritualist, could not accept that – in his view – a "spiritual" practice could be leveraged with a simple technique. So, every Tuesday, he would go on air just before me and provoke me:

– Tem gente que diz que é possível alcançar a meditação por meio de técnica. Isso não é admissível, pois a espiritualidade não se conquista com técnicas, mas por merecimento.

E, todas as terças-feiras eu ia ao ar logo em seguida e rebatia elegantemente, sem discordar abertamente, mas ensinando:

– Bem, vamos agora praticar a técnica de meditação que o Yôga milenar transmite há séculos, com inquestionável sucesso.

Depois, terminado o programa, ríamos de nossas divergências filosóficas e íamos juntos tomar um chá. Sempre respeitei muito esse que considero o maior filósofo brasileiro, um dos mais relevantes do século passado. Relato aqui esta história para exemplificar que discordâncias fundamentalistas não devem tornar os debatedores inimigos entre si.

MEDITAÇÃO É PARTE DO YÔGA

Meditação (dhyána) é parte integrante do acervo de técnicas do Yôga. Sacar a meditação do seu contexto não é recomendável. Sem as demais técnicas do Yôga, tentar meditar pode ser prejudicial. A meditação surgiu dentro do Yôga, porém, várias correntes filosóficas apoderaram-se somente dessa parte e desprezaram as outras que lhe dariam suporte. Resultado: *(a)* sem as demais técnicas torna-se bem mais difícil meditar; e *(b)* se conseguir meditar isso poderá ser mais prejudicial do que útil. Vamos tentar explicar de duas formas.

Primeiro exemplo

Imagine uma pessoa que pratique esportes. Essa pessoa desenvolve toda a musculatura do corpo de forma equilibrada, ou quase. Mas o que ocorreria se um desportista resolvesse só exercitar braço e não pernas, nem tórax, nem abdômen, nem dorsais, e pior: só um braço? Praticaria rosca de bíceps com cada vez mais peso só com o seu braço direito, para poder exibi-lo na praia. Como resultado, cultivaria um aleijão, com perninhas de periquito, barriguinha de chopp e um braço mais forte que o outro como um caranguejo patola ou uma vítima de elefantíase. Se não tivesse feito nenhum exercício físico poderia estar fora de forma, poderia ser magrela ou gorducho, mas sempre tenderia a uma certa harmonia dentro do seu biotipo. Não seria uma anomalia.

"There are people who say that it is possible to attain meditation through the use of techniques. This is unacceptable. Spirituality cannot be achieved through techniques. It can only be achieved through merit."

And, every Tuesday I would go on air soon after and elegantly rebut. I would avoid confrontation and instead I would teach:

"Well, let's practice a meditation technique *that ancient Yôga has transmitted for centuries, with unquestionable success."*

After the show we would laugh at our philosophical differences and we would go out for a cup of tea. I always respected him and I consider him to be one of the great Brazilian philosophers, one of the most relevant from the last century. I am sharing this story to show you that fundamental disagreements should not make enemies out of opponents.

MEDITATION IS PART OF YÔGA

Meditation (dhyána) is an integral technique in the practice of Yôga. It is not recommended to take meditation out of its context. Without the other techniques of Yôga, attempting to meditate could be harmful. Meditation arose from within Yôga; however, various philosophical lineages only took this part and ignored the others that support it. Result: (a) without the other techniques it becomes more difficult to meditate; and (b) if you are able to meditate it could do more harm than good. I am going to try to explain this using two examples.

First example

I would like you to envisage a sportsperson. This person develops all the muscles of their body in an even, balanced way, as best as they can. But, what would happen if they trained only their arms, doing nothing for their legs, chest, abdomen, or back? What if they only trained one arm? Imagine them doing bicep curls with their right arm, and nothing else. Over time they gradually add more weight. The results would be freakish: skinny, birdlike legs, a beer belly one gigantic arm and one tiny one, like a fiddler crab. Imagine if this person had never done any training at all. They might well be out of shape, but within their body type they would be harmonious, skinny or overweight. They would surely not be an anomaly.

Quando alguém pratica só um anga, por exemplo, só meditação, ou só mantra, ou só ásana etc., o resultado é o desequilíbrio como o do exemplo acima. Melhor seria não praticar nada, pois, nesse caso, a natureza manteria uma relativa harmonia de conjunto.

Segundo exemplo

A meditação é o fenômeno produzido pelo funcionamento do ájña chakra, situado entre as sobrancelhas. Os chakras são dinamizados pelo influxo da kundaliní. Logo, se o praticante não preparar seu sistema biológico para que a energia formidável da kundaliní ascenda gradualmente, chakra após chakra, até o ájña, a energia não conseguirá subir, o que equivale a dizer que o praticante não conseguirá meditar. Poderá iludir-se e pensar que está meditando, mas não estará. Se insistir muito, durante muito tempo, e acabar conseguindo atrair a energia para esse chakra, pior ainda. Pois a energia da kundaliní é física e deverá fluir medula espinhal acima, por dentro de meridianos de força que precisam estar perfeitamente desobstruídos, através de uma coluna vertebral flexível e mediante uma série de outros cuidados. Tal energia não poderá sair e subir pelo lado de fora do corpo, por onde não existe a anatomia dos canais de vascularização prânica, e chegar ao ájña; nem poderá aparecer nesse chakra por um toque de mágica.

Se a insistência em fazer meditação criar uma sucção da kundaliní na região da cabeça e essa energia for forçada a subir sem que haja canais desobstruídos, ela o fará rompendo e queimando tudo o que encontrar pela frente. Poderá, ainda, romper algum duto e vazar, destruindo os tecidos dos órgãos adjacentes. Nesse caso, ocorreriam distúrbios no sistema nervoso e outros.

MEDITANTES QUE NÃO PRATICAM YÔGA

Sivánanda explica em seu livro *Autobiografia*, na página 102: "o desenvolvimento unilateral não é muito benéfico"; e na página 142: "um desenvolvimento unilateral não o ajudará". Portanto, cultivar um desenvolvimento só com ásana, só com mantra, só com meditação etc., não é recomendável. Não se deve praticar um fragmento de Yôga ou um Yôga truncado. É aconselhável praticar todos os angas.

The same applies to the techniques of Yôga. When someone practices one anga exclusively, for example, only meditation (or only mantra, or only ásana etc.) the result is akin to the imbalance exemplified above. It would have been better to have done nothing and to have allowed Nature to maintain its relative harmony.

Second example

Meditation is a phenomenon produced by the activity of the ájñá chakra, which is situated between the eyebrows. The influx of kundaliní dynamizes the chakras.[4] Therefore, if the practitioner does not prepare their biological system for the formidable energy of kundaliní to rise gradually, chakra after chakra until the ájñá, the energy will not be able to rise at all. Which is to say that the practitioner will not be able to meditate. They could deceive themselves and think they are meditating, but they are not. If they insist for a long time, and end up being able to attract the energy to this chakra, it is even worse. This is because kundaliní is a physical energy. It should flow upwards through the spinal cord, passing through the energy meridians, that must be perfectly unobstructed. The spine needs to be flexible and there are also a series of other aspects to consider. Kundaliní cannot flow outside the body to reach the ájñá chakra because there is no anatomy, no pranic vascularization channels outside the body. Nor could it appear in this chakra by magic.

If the insistence to meditate creates a suction of kundaliní towards the head forcing the energy upwards through channels which are obstructed, this energy will break and burn everything in its path. It may also break an energy duct and cause leaks, destroying the tissues of adjacent organs. In this case, disturbances would occur in the nervous system and more.

MEDITATORS WHO DO NOT PRACTICE YÔGA

Sivánanda explains in his Autobiography[5]*: "One-sided development is not of much benefit."; "One-sided development will not help you." Therefore, focusing your development based only on ásana, or only on mantra, or only on meditation etc. is not recommended. It is not advisable to practice a fragment of Yôga or a truncated Yôga. Instead, it is recommended to practice all the angas.*

---

4 If you would like to learn more about chakras and kundaliní refer to this Author's book: "***Chakras and Kundaliní.***"

5 As found on his website: http://www.dlshq.org/download/autobio.htm

Se você pratica Yôga, observe que se praticar um minuto cada anga do Yôga Antigo (mudrá, pújá, mantra, pránáyáma, kriyá, ásana, yôganidrá e samyama) terá realizado uma prática de oito minutos. Com um minuto de meditação (realizada no anga samyama) você terá conseguido meditar com muito mais facilidade e terá ido muito mais fundo. No entanto, você que pratica Yôga, no dia em que resolver não realizar uma prática completa em oito partes, mas só meditar, verificará que mesmo com dez vezes mais tempo investido na meditação, encontrará muito mais dificuldade para galgar esse estado e se o conseguir, ele será mais superficial. Conclusão, a meditação é mesmo parte de um contexto e não deve ser praticada fora dele.

A PARÁBOLA DA LAGOA

No fundo da lagoa que abastecia de água a aldeia Vajrakutir, havia um diamante. Dois homens resolveram procurar a valiosa gema observando a partir da superfície. A face norte da lagoa era assolada por ventos que encrespavam a superfície das águas. Do outro lado, na face sul, as montanhas protegiam-na dos ventos e a superfície era serena. Assim, o homem que tentou ver o fundo da lagoa pelo norte nada enxergou, pois havia uma barreira de turbulência entre ele e a pedra preciosa. Mas o que divisou pelo sul, conseguiu ver o fundo da lagoa e o tesouro que lá estava.

A lagoa é a mente. O diamante é o purusha, o *self*, a mônada. A superfície encrespada é a turbulência das ondas mentais (chitta vritti). A superfície serena corresponde à supressão da instabilidade da consciência (chitta vritti nirôdhah[6]).

---

6 *Chitta*, habitualmente traduzido como *mente*, significa mais apropriadamente *consciência*. *Vritti*, pode ser traduzido como onda, vibração, modificação, instabilidade. *Nirôdhah*, significa cessação, supressão, eliminação. Assim sendo, podemos traduzir a célebre definição do *Yôga Sútra* "Yôga chitta vritti nirôdhah" como "o Yôga é a parada das ondas mentais" ou, numa tradução melhor, "o Yôga é a supressão da instabilidade da consciência." Para saber mais, leia o livro **Yôga Sútra de Pátañjali**, deste autor.

If you practice Ancient Yôga you can practice one minute per anga (mudrá, pújá, mantra, pránáyáma, kriyá, ásana, yôganidrá and samyama). This means that you can complete an entire practice in just eight minutes. In the context of a complete practice, a single minute of meditation will be easier, allowing you to go much deeper than if you had practiced the anga in isolation. If you are a Yôga practitioner you will be able to verify this. If you forego the complete eight part practice, on a given day, to only meditate, then you will find it harder to attain this state of consciousness, even if you invest ten times longer in this technique. If you do manage to meditate, it will feel superficial. There- fore, we can conclude that meditation does indeed exist within the con- text of Yôga, and should not be practiced in isolation.

THE PARABLE OF THE LAKE

There was a lake that supplied water to the small village Vajrakutir. At the bottom of the lake there was a diamond. Two men wanted to find the priceless gem, so each one decided to look for it by observing the lake from the surface. The Northern side of the lake was plagued by winds that rippled the waters. On the Southern side, the lake was pro- tected by mountains, and therefore the surface waters were serene. The man who tried to see the bottom of the lake from the Northern side saw nothing. The turbulent waters formed a barrier between him and the precious stone. But the man who looked from the Southern side was able to see the bottom of the lake and was able to observe the treasure that was there.

Consider the lake to be the mind. The diamond is the purusha, the Self, the monad. The rippled surface is the turbulence created by mental waves (chitta vritti). The serene surface corresponds to the suppression of the instability of consciousness (chitta vritti nirôdhah[7]).

---

7 *Chitta*, habitually translated as *mind*, is better defined as *consciousness*. *Vritti*, can be translated as wave, vibration, modification, instability. *Nirôdhah*, means cessation, suppression, elimination. Therefore, we can translate the renowned definition from the *Yôga Sútra* "Yôga chitta vritti nirôdhah" as "Yôga is to stop the mental waves" or, better yet, "Yôga is the suppression of the instability of consciousness." To learn more, read the book ***Pátañjali's Yôga Sútra***, by Professor DeRose.

A SUPERFÍCIE DO LAGO

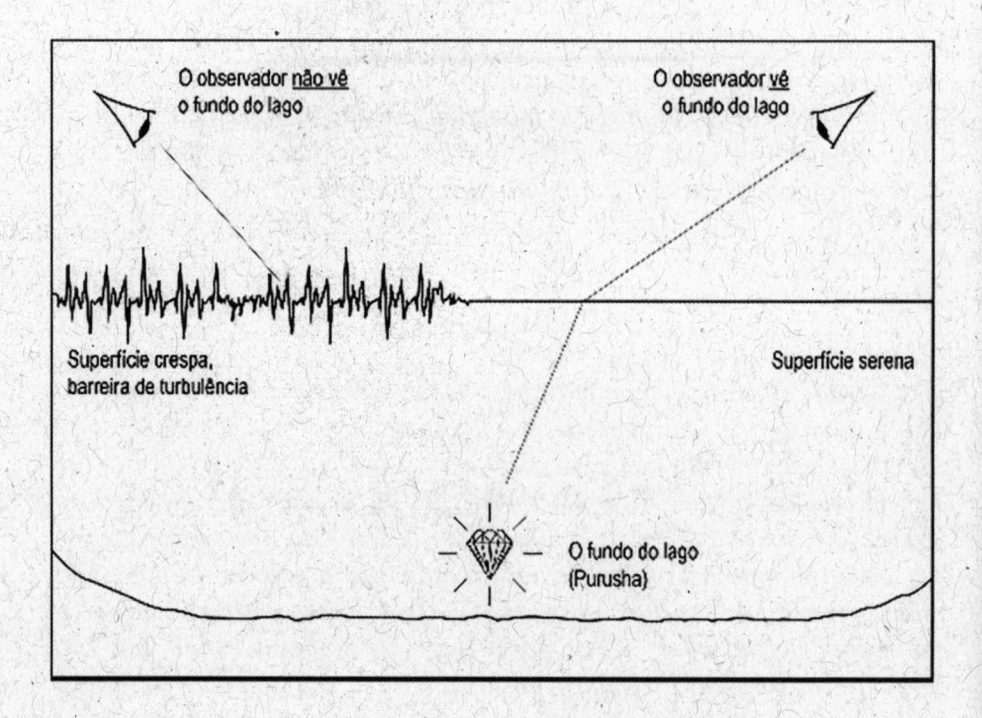

O observador **não vê** o fundo do lago

O observador **vê** o fundo do lago

Superfície crespa, barreira de turbulência

Superfície serena

O fundo do lago (Purusha)

Praticando meditação, nosso objetivo é parar a mente e passar a fluir a consciência por outro canal, o do conhecimento direto ou intuição. Parando as ondas mentais, podemos ver o diamante no fundo de nós mesmos, ou seja, alcançar o autoconhecimento.

THE SURFACE OF THE LAKE

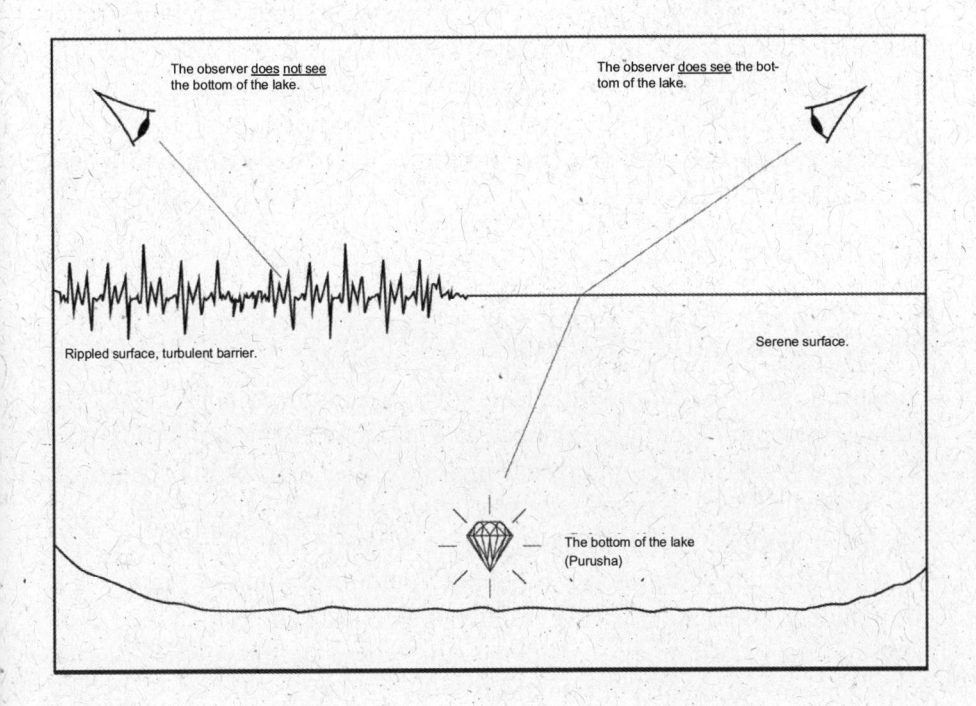

The objective of practicing meditation is to stop the mind and to allow consciousness to flow through another level: direct knowledge or intuition. When we are able to stop the mental waves, we can see the diamond deep within ourselves, in other words, we attain self knowledge.

O LÓTUS E OS QUATRO ELEMENTOS

Vamos estudar o mesmo tema sob outro ângulo. Continuaremos com a lagoa, mas vamos agora tomar para exemplo uma flor aquática. Comparemos o processo da meditação à flor de lótus. O lótus (padma) é muito reverenciado no Oriente. Uma das razões de tal veneração é devido a que essa flor está associada aos quatro elementos: terra, água, ar e fogo. Terra, porque suas raízes estão na lama do fundo da lagoa. Água, pois, sendo uma planta aquática, seu caule sobe por esse elemento. Ar, já que as pétalas desabrocham na superfície. E fogo, do Sol, sem o qual não ocorreria a fotossíntese.

OS PÉS NA TERRA E A CABEÇA NO CÉU

O outro motivo do carinho que as culturas orientais votam ao lótus é o grande exemplo de comportamento na vida que essa flor nos proporciona. Ela tem suas raízes enterradas no lodo sujo, escuro e mal-cheiroso. No entanto, consegue transmutar os elementos que dele retira e produzir pétalas imaculadamente limpas, brancas e perfumadas. É como se nos dissesse: trabalhe com os pés no chão, lide com o dinheiro, enfrente a imundície mundana, lute bravamente pelos seus direitos e pelo que você acredita, mas mantenha a cabeça no céu, acima de todas essas coisas, acima das mesquinharias do mundo.

OS QUATRO ANGAS SUPERIORES

Ainda podemos estabelecer uma comparação com os angas superiores do Yôga de Pátañjali: as raízes correspondem ao pratyáhára; o caule simboliza o dháraná; a flor, o dhyána; e o Sol representa a iluminação, o samádhi.

THE LOTUS AND THE FOUR ELEMENTS

Let's study the same topic from another angle. We will continue with the theme of water, but now we will use the example of an aquatic flower, the lotus flower. We will compare it to the process of meditation. The lotus (padma) is highly revered in the East. One of the reasons for this veneration is its association with the four elements: earth, water, air and fire. Earth: its roots are in the mud, at the bottom of the lake. Water: as an aquatic plant, its stem rises through this element. Air: its petals bloom on the surface. Fire: from the Sun, the key to photosynthesis.

KEEP YOUR FEET ON THE GROUND
AND YOUR HEAD IN THE STARS

The importance of the lotus flower in Eastern cultures also arises from the life lessons it can provide. The lotus has its roots buried in dark, filthy, smelly sludge. Yet, it transforms this sludge to produce immaculately clean, perfumed, white petals. It is as if the lotus flower teaches: keep your feet on the ground – manage your money responsibly, face the filth of the world, fight bravely for your rights and for what you believe in – but keep your head in the stars, above all of these things, above the pettiness of the world.

THE FOUR SUPERIOR ANGAS

It is also possible to compare the superior angas of Pátañjali's Yôga to the lotus flower: the roots correspond to prátyáhára; the stem symbolizes dháraná; the flower depicts dhyána; and the Sun represents enlightenment, samádhi.

O LÓTUS DA MEDITAÇÃO

De baixo para cima, vamos construir o lótus da meditação. Primeiramente, observe estes diversos pontos no papel. Eles representam a dispersão. Normalmente, nossa atenção está dispersa por vários pontos.

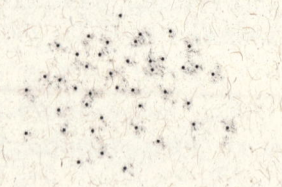

Yôga significa União. Então, pela prática do Yôga, comecemos a unir esses pontos dispersos.

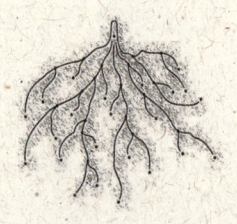

A imagem que obtemos lembra umas raízes. Elas nos conduzem ao caule. Um só caule. Um só ponto, êkagrata.

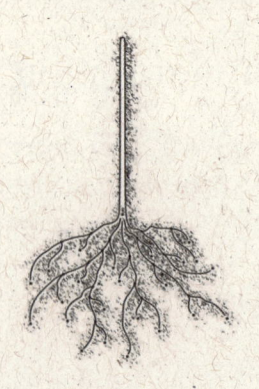

THE MEDITATION LOTUS

We are going to construct the lotus of meditation from the ground up. First, note these many points on the page. They represent diversion. Normally, our attention is spread over various points.

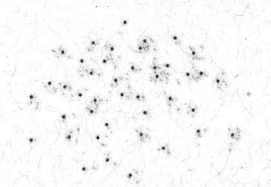

Yôga means Union. As we practice Yôga we begin to unite these dispersed points.

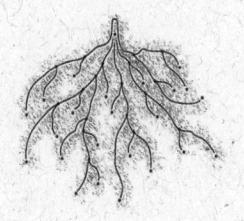

The image of this Union can resemble roots. They consolidate to form the stem. Only one stem. Only one point, êkagrata.

Na parte superior do caule, uma linda flor de lótus desabrocha para a luz do sol acima dela.

As raízes correspondem ao pratyáhára. O caule, ao dháraná. A flor, ao dhyána. E o Sol, ao samádhi.

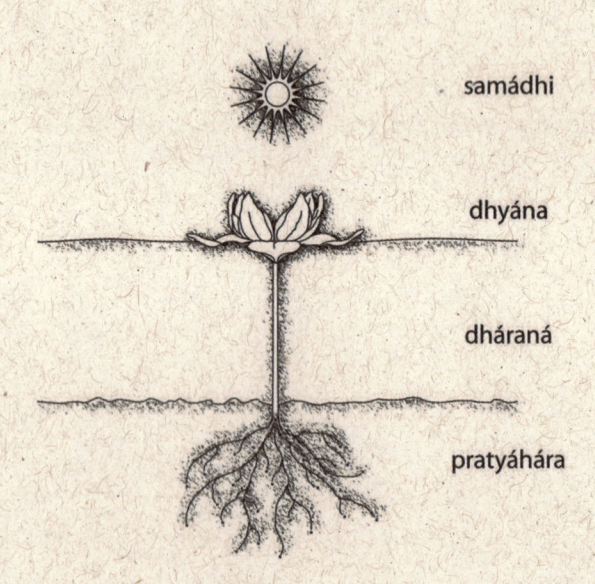

A beautiful lotus flower blossoms at the top of the stem, facing the sun-light above.

The roots correspond to pratyáhára. The stem, to dh<u>á</u>raná. The flower, to dhy<u>á</u>na. And, the sun, to sam<u>á</u>dhi.

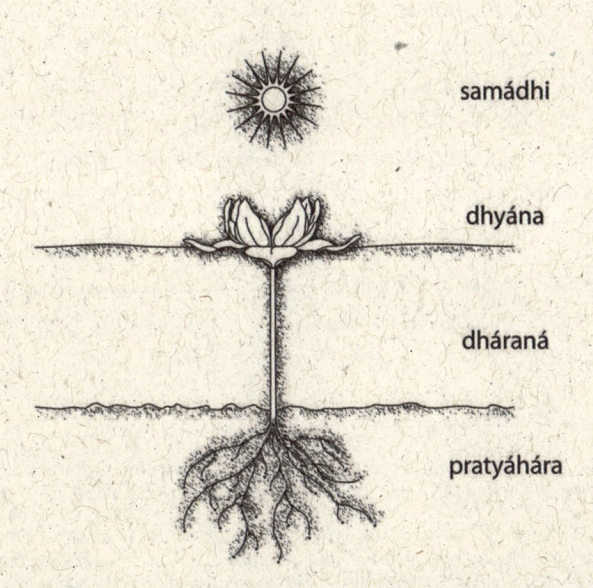

O MAIS DENSO ECLIPSA O MAIS SUTIL

No Universo, sempre o mais denso eclipsa o mais sutil. Por exemplo, se você olhar para o céu durante o dia não verá as estrelas. No entanto, elas estão lá, só que seu brilho é muito mais sutil do que o do Sol. Assim, a luz do Sol (mais intensa) eclipsa a luz das estrelas (mais sutil).

No nosso estudo do fenômeno de consciência expandida, precisamos compreender que o ser humano é constituído por uma série de princípios, também chamados de veículos ou de corpos, com diferentes coeficientes de densidade[8].

QUADRO DOS NÍVEIS DE CONSCIÊNCIA, PLANOS DO UNIVERSO E CORPOS DO HOMEM

NÍVEIS DE CONSCIÊNCIA	PLANOS DO UNIVERSO	CORPOS DO HOMEM
hiperconsciente	plano monádico	Mônada
superconsciente	plano intuicional	corpo intuicional
consciente	plano mental	corpo mental
subconsciente	plano astral	corpo emocional
inconsciente	plano físico	corpo físico

Assim, o corpo físico, por ser mais denso do que o corpo emocional, tende a eclipsar as emoções. Ou seja, se o corpo físico estiver solicitando a atenção da consciência – se a consciência estiver fluindo pelo canal físico –a manifestação das emoções fica prejudicada. Exemplo: quando você está praticando esportes ou pulando no carnaval sua atenção está dirigida ao corpo físico. Nessa circunstância, você não está nas condições ideais para desfrutar de um romance ou realizar uma prece[9].

Sob uma digestão pesada, consequência de uma refeição abusiva, seus sentimentos ficam embotados. Mas em jejum, ao contrário, suas emoções emergem à flor da pele!

---

8 Para uma explicação mais completa sobre este assunto estude o livro **Corpos de Homem e Planos do Universo**, também encontrado como capítulo do livro **Tratado do Yôga**, do Professor DeRose.

9 Sim, pois a prece é uma atitude emocional. Ao realizar uma prece, o crente está falando para si mesmo, a fim de organizar suas ideias para melhor mentalizar seus objetivos. Há um texto hindu que reza: "Senhor, perdoa meus três pecados: Tu estás em todos os lugares, mas eu te adoro aqui neste templo; Tu não tens nenhuma forma, mas eu te adoro nesta imagem; Tu não precisas de prece alguma, mas eu faço esta prece. Perdoa, Senhor, os meus três pecados."

THE DENSE ECLIPSES THE SUBTLE

In the Universe, the subtle is eclipsed by the dense. For example, when you look at the daytime sky you will not see the stars. Nevertheless, they are there. From our point of view, the stars' brightness is much subtler than the brightness of our Sun. Therefore, the stars (subtler) are eclipsed by our Sun (denser).

As we study the expansion of consciousness, we need to understand the human being as consisting of a series of principles (which can also be referred to as vehicles or bodies) with different density coefficients[10].

LEVELS OF CONSCIOUSNESS, PLANES OF THE UNIVERSE AND BODIES OF MAN

LEVELS OF CONSCIOUSNESS	PLANES OF THE UNIVERSE	BODIES OF MAN
hyperconscious	monadic plane	monad
superconscious	intuitional plane	intuitional body
conscious	mental plane	mental body
subconscious	astral plane	emotional body
unconscious	physical plane	physical body

The physical body is denser than the emotional body, so it tends to eclipse the emotions. In other words, when the physical body demands the attention of our consciousness, i.e. consciousness is flowing through the physical vehicle, the manifestation of emotions is impaired. For example, when you play a sport, or when you go dancing, your attention is directed to the physical body. In such circumstances, you are not in the ideal condition to enjoy a romance or to pray[11].

When you eat a rich meal and your digestion demands more attention, your feelings become duller. On the other hand, when you fast your emotions become heightened!

---

10 For a more complete explanation of this subject study the book *Bodies of Man and Planes of the Universe*, also found as a chapter of the book *Treatise of Yôga*, by Professor DeRose.

11 Yes, a prayer is an emotional attitude. When you pray, you are talking to yourself, in order to organize your ideas, to better mentalize your goals. There is a Hindu text which reads: "Oh Lord, forgive three sins that are due to my human limitations: Thou art everywhere, but I worship you here; Thou are without form, but I worship you in these forms; Thou needest no praise, yet I offer you these prayers and salutations; Lord, forgive three sins that are due to my human limitations."

Da mesma forma como o físico (mais denso) eclipsa o emocional (mais sutil), o emocional que é mais denso que o mental, eclipsa a mente. Se você estiver tentando estudar ou trabalhar, mas encontrar-se emocionado por paixão ou por ciúme, por ódio ou por medo, não renderá nada naquela atividade intelectual. Todos comentam:

– Fulano está cego de paixão (ou cego de ódio).

E os que não estiverem envolvidos, aconselham:

– Não tome nenhuma decisão com a cabeça quente.

Todo o mundo sabe que sob a emoção a mente fica obscurecida.

Da mesma forma que o emocional (mais denso) eclipsa o mental (mais sutil), assim também o mental que é mais denso que o intuicional eclipsa esse instrumento. Noutras palavras, se a mente não parar, a intuição não fluirá.

QUADRO DOS NÍVEIS DE CONSCIÊNCIA, PLANOS DO UNIVERSO E CORPOS DO HOMEM

DIMENSÃO	NÍVEL DE CONSCIÊNCIA	PLANO DO UNIVERSO	CORPO DO HOMEM	
7ª D	hiperconsciente	plano monádico	Mônada / *self* / o Ser	
6ª D	superconsciente	plano intuicional	corpo intuicional / buddhi	
5ª D	consciente	plano mental	corpo mental	superior
				inferior
4ª D	subconsciente	plano astral	corpo emocional	
3ª D	inconsciente	plano físico	corpo físico	energético
				denso

Há métodos que violentam as funções mentais, podendo, inclusive, lesionar os neurônios. Por exemplo, certas práticas de algumas modalidades de linha brahmacharya consistem em produzir intoxicação por CO_2 mediante longas retenções respiratórias[12] para que, restringindo a taxa de oxigênio no sangue, o cérebro reduza a sua atividade e isso contribua para a parada das ondas mentais (chitta vritti niródhah).

_____

12 No Yôga Antigo, de linha tântrica, eventualmente podemos utilizar longas retenções, mas de uma outra forma. Fazemo-lo sob um controle estrito e, ainda, tomando o cuidado de hiperoxigenar antes, por meio do bhastriká pránáyáma – que é um respiratório de sopro rápido.

In the same manner that the (denser) physical eclipses the (subtler) emotional, the emotional is denser than the mental and eclipses the mind. If you were to study or work, but find yourself emotional – due to passion or jealousy, hate or fear – your intellectual endeavors will not yield any results.

This is exemplified by common sayings, such as "They are blinded by passion (or blind with hate)." Or the common advice: "Don't make any decisions until you cool off."

Everyone knows that emotionality clouds the mind.

In the same manner the (denser) emotional eclipses the (subtler) mental, the mental eclipses the intuitional. In other words, if the mind does not stop, intuition will not flow.

DIMENSIONS, PLANES OF THE UNIVERSE AND BODIES OF MAN

DIMENSION	LEVEL OF CONSCIOUNESS	PLANES OF THE UNIVERSE	BODIES OF MAN	
7th D	hyperconscious	monadic plane	Monad / Self	
6th D	superconscious	intuitional plane	intuitional body / buddhi	
5th D	conscious	mental plane	mental body	superior
				inferior
4th D	subconscious	astral plane	emotional body	
3rd D	unconscious	physical plane	physical body	energetic
				dense

There are meditation methods that can harm mental functions, and can even damage the neurons. For example, in some brahmacharya lineages, there are certain practices that consist of producing CO_2 intoxication through long respiratory retentions[13]. This restricts the amount of oxygen in the blood leading to reduced brain activity, which contributes to the cessation of mental waves (chitta vritti nirôdhah).

---

13 In Ancient Yôga, of the tantric lineage, we may eventually utilize long retentions, but in a completely different manner. We take strict precaution to hyperoxygenate beforehand by means of bhastriká pránáyáma – which is a rapid breathing technique.

É sabido que o praticante de SwáSthya Yôga não faz miscelânea com outros métodos; portanto, esta advertência parece desnecessária; mesmo assim, assinalamo-la para que evite qualquer exagero.

RÁMAKRISHNA E O MACACO

Rámakrishna foi um sábio hindu de linha tântrica (Tantra Branco, via seca), que viveu na Índia entre o final do século XIX e o início do século XX. Sua contribuição cultural ao mundo foi tão grande que no dia do seu aniversário, 18 de fevereiro, o jornal O Globo, do Rio de Janeiro, edição de 1974, publicou uma página inteira com a sua história.

Rámakrishna comparava a mente humana com um irrequieto macaco, que tivesse tomado álcool, houvesse sido picado por um escorpião e, ainda por cima, se lhe tivesse ateado fogo ao pelo! Isso, somos nós...

Para alcançar sucesso no Yôga precisamos primeiramente retirar o fogo (pratyáhára); depois, retirar o veneno do escorpião (dháraná); em seguida, retirar o álcool (dhyána); e, finalmente, retirar o próprio macaco (samádhi). Retirar o macaco corresponde a retirar de nós o aspecto animal, aquilo que ainda nos caracteriza como bicho homem. Entrar em samádhi, tirar o animal, significa transcender a condição de mamífero humano e galgar uma escala evolutiva mais elevada.

O COMBUSTÍVEL DA MENTE É A DISPERSÃO

O alimento da mente é a variedade. Ela pede por diversão, distração, dispersão, digressão. Por isso, em propaganda, a proposta de *novidade*, vende mais. Por isso, também, quando estamos estudando ou trabalhando há muito tempo, nossa mente pede uma pausa na qual possa distrair-se com outra coisa. E se lhe concedermos esse intervalo, ela funcionará muito melhor ao retornar às funções das quais anteriormente estava saturada.

A técnica da meditação consiste em manter a mente concentrada num só objeto, sem lhe proporcionar variedade, novidade, diversão. Com isso, o combustível vai-se escasseando e, num dado momento, a mente para. Era o que queríamos: chitta vritti nirôdhah. Não dispondo mais, por alguns instantes, da ferramenta mental para veicular a consciência, esta passa a utilizar outro canal de manifestação, que é o intuicional, mais sutil.

It is well known that practitioners of SwáSthya Yôga do not mix methods within their practice. Therefore, this warning seems unnecessary. Nonetheless, we do point it out as a reminder to avoid excesses.

RÁMAKRISHNA AND THE MONKEY

Rámakrishna was a wise Hindu sage of the tantric lineage (White Tantra, dry path). He lived in India between the end of the 19th century and the beginning of the 20th. His cultural contribution to the world was so significant that, in 1974, on the date of his birthday, the 18th of February, Brazil's biggest newspaper published a full page article covering his life.

Rámakrishna used to compare the human mind to a restless monkey, that had drunk alcohol, that was stung by a scorpion and, to top it off, had been set on fire!

If we are going to attain success in Yôga we first must put out the fire (pratyáhára); then, remove the scorpion's venom (dhárana). Next, we need to remove the alcohol (dhyána); and, finally, remove the monkey itself (samádhi). The removal of the monkey corresponds to the removal of our animal aspect. The act of entering into samádhi, is to remove the animal, it is to transcend the human condition and to climb to a higher evolutionary level.

THE MIND IS A MECHANISM FUELED BY DISTRACTION

The mind feeds on variety. It demands fun, distraction, diversion, and digression. This is why novelty sells. This is also why, when we are studying or working for a long time, our mind demands a break so it can be distracted by something. And if we do give it this break, the mind will function much better once it returns to the activity that it had focused on.

The technique of meditation consists in maintaining the mind concentrated on a single object, depriving it of variety, novelty, fun. With this, its fuel will gradually become scarce. In a given moment the mind will stop. This is what we wanted: chitta vritti nirôdhah. As the mental level becomes unavailable, even for a moment, consciousness uses a subtler channel: the intuitional.

DISPERSÕES

Primeira dispersão: atividade mental.

Não pense, porém, que para conseguir meditar basta sentar-se e fechar os olhos. Isso não é meditar. É sentar o corpo e fechar os olhos. Portanto, são coisas que você faz com o lado de fora, com a sua ferramenta corporal. Pode ser um início, mas se ficar nisso você não meditará nunca. O processo exige técnica e a técnica demanda treinamento e tempo. Se for uma pessoa geneticamente predisposta, conseguirá meditar em alguns meses de prática disciplinada e diletante. Os simples mortais precisarão de anos. Isso de vender uma fórmula mágica e dizer que você já estará meditando na primeira tentativa, é gato por lebre. Não caia nessa.

Ao longo da caminhada, ocorrem muitas dispersões. A primeira é a atividade mental.

Essa dispersão ocorre com todos os praticantes, pois trata-se da tendência natural da nossa mente. Assim que você começa a se concentrar, a mente procura dispersar. É preciso trazê-la de volta. Isso ocorre até com os praticantes mais antigos. A diferença está na quantidade de vezes que a mente tenta digressionar e na facilidade com que o yôgin consegue trazê-la de volta a concentrar-se.

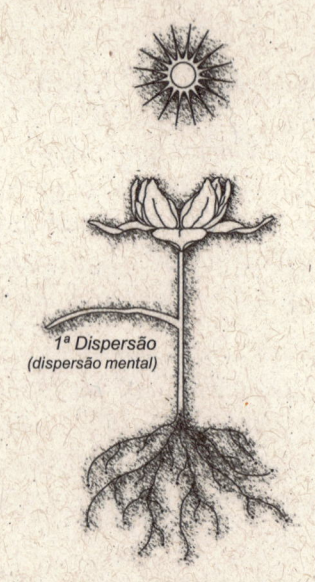

1ª Dispersão
(dispersão mental)

DIVERSIONS

First diversion: mental activity.

You should not assume that all you need to do to meditate is to sit and close your eyes. This is not meditation. It is simply sitting and closing your eyes. These are the actions you take with your physical body. It may be a start, but if you do nothing else, you will never meditate. Meditation requires technique, and technique demands training and time. If you are genetically predisposed, you may be able to meditate within a few months of disciplined and regular practice. Simple mortals will need years. Magic formulas that claim that you will meditate on your very first try are bogus. Do not fall for them.

There are many diversions along the way. The first is mental activity.

This is the natural tendency of the mind and everyone will experience it. As you begin to focus, the mind diverges and seeks distractions. You have to bring it back. Even experienced practitioners will be distracted by this diversion. However, the more you train, the fewer times the mind tries to diverge, and the easier it is for a yôgin to bring the mind back to the object of concentration.

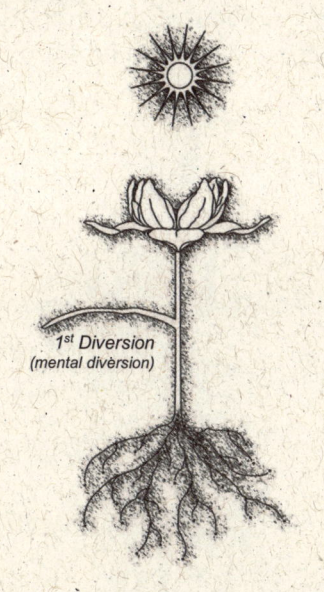

1st Diversion
(mental diversion)

A mente é como uma criança. Quando você quer que uma criança fique quieta, não adianta gritar com ela ou apelar para a força. O pequeno só vai fazer mais barulho. O que você deve é negociar, prometer que, se o menino ficar quieto por cinco minutos, depois você lhe dará um pouco de diversão. Nossa mente é igual. Diga-lhe que se ficar quieta por cinco minutos, você lhe concederá a dispersão que ela pede, seja isso ler um livro, telefonar para alguém, sair de casa, enfim, qualquer coisa que caracterize distração. Uma vez prometido, cumpra.

Vai ver que a mente se comportará exatamente como uma criança e se aquietará sob a expectativa de recompensa. Repetindo esse processo, notará que, a cada dia, entre uma dispersão e outra, os intervalos vão se alargando e que, a cada vez, vai-se tornando mais fácil trazer a mente de volta a aquietar-se.

Segunda dispersão: auto-hipnose.

Se a primeira dispersão é inofensiva, esta segunda é perniciosa. A mecânica da meditação parte da saturação da mente pela repetição do mesmo estímulo. A hipnose também parte desse princípio. Só que as semelhanças terminam aí: meditação é uma coisa e hipnose é outra. A grande diferença entre os dois estados é que na meditação a consciência aumenta e na hipnose ela se reduz. Em meditação você não fica vulnerável à sugestibilidade como ocorre na hipnose.

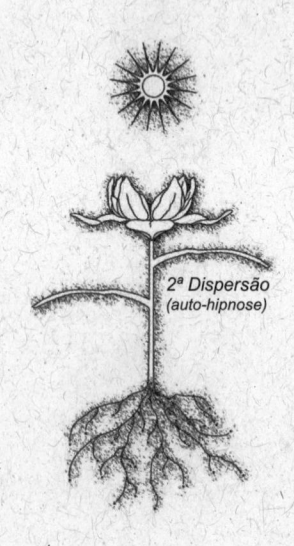

2ª Dispersão
(auto-hipnose)

The mind is like a child. When a child is screaming, it is useless to scream back or use physical strength, as this will only result in more noise. What you should do instead, is negotiate: ask for five minutes of silence and, as a reward, you will play once the time is up. Our mind is the child. Promise your mind that if it stays concentrated for five minutes, you will grant it the distractions that it asks for: whether it is to read a book, or call a friend, or go outside or anything else. Keep your promise.

You will notice that your mind will behave exactly like the child. It will settle down awaiting its reward. As you repeat this process every day, you will notice that the time between distractions increases and it becomes easier to quieten the mind.

Second diversion: self-hypnosis.

While the first diversion is harmless, this second is pernicious. Meditation works by saturating the mind through the repetition of the same stimulus. Hypnosis shares this principle. But this is all that is shared. Meditation is one thing and hypnosis is something else. The most significant difference between these two states is: in meditation consciousness is increased; in hypnosis consciousness is reduced. While hypnosis opens you to suggestibility, in meditation you are invulnerable to it.

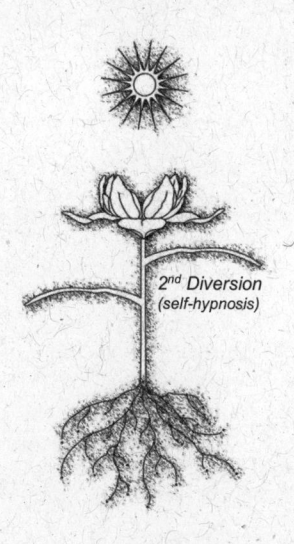

2nd Diversion
(self-hypnosis)

Nada contra a hipnose, que constitui uma ferramenta preciosa nas mãos de pessoas habilitadas. No entanto, entrar em auto-hipnose sem saber que está nesse estado, não é desejável. Em algumas vertentes que não são tão críticas quanto a nossa, é comum que os praticantes caiam em auto-hipnose e se iludam, pensando que entraram em meditação, mas estavam num simples transe. Quando isso ocorre é facilmente detectável, pois o praticante começa a manifestar uma síndrome de superioridade em relação aos demais. Ele acha que está muito evoluído *"espiritualmente*[14]", mais do que todos os colegas, mais até do que o seu instrutor[15]. Começa a achar que sabe mais do que o Mestre e a fazer declarações ou práticas que contradizem os ensinamentos do Preceptor. Em seu delírio, considera todos inferiores a ele. Não consegue mais aprender, só admite ensinar. Passa a faltar às aulas do Mestre com desculpas esfarrapadas. Mesmo que não o declare, em seu íntimo ele está convencido de que atingiu um estado superior de consciência, a meditação e até o samádhi. Não raro, ele se considera a própria reencarnação de Buddha e de Cristo.

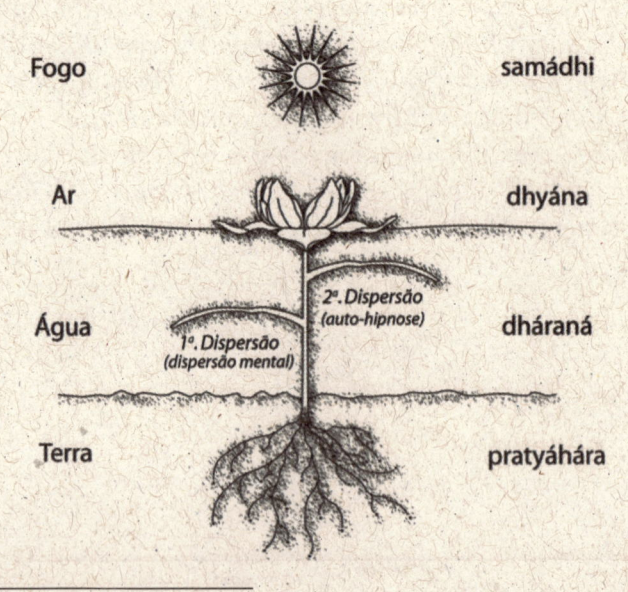

14 Lembramos ao leitor que nossa linhagem de Yôga Antigo (Niríshwara Sámkhya) não utiliza termos como *espírito, espiritual*, ou outros que possam induzir o estudante à condição de crente.

15 Um alerta ao praticante de linhagem Niríshwara Sámkhya: por ser de linha não-espiritualista você tem menos probabilidades de surtar, mas não fique tão seguro de si, pois podem ocorrer casos de delirium mysticum mesmo entre os que não são místicos. Esses, embora não usem os jargões tais como "evolução espiritual", podem substituí-lo por "evolução interior" e recair na mesma síndrome de superioridade.

Hypnosis is a powerful tool in the hands of skilled people. However, it is not desirable to enter into self-hypnosis without knowing that you are in this state. It is common in some philosophical schools for practitioners to enter into self-hypnosis but to think that they are meditating. What they experience is a simple trance. This can be easily detected because practitioners begin to manifest a superiority complex. They think they are more "spiritually" evolved[16] than their colleagues, than their instructor[17]. They begin to think that they know more than their Teacher. They start making statements or practicing in ways that contradict the teachings of their Master. In their delusion, they consider themselves superior to everyone else. They are no longer able to learn, they consider themselves only worthy of teaching. They begin skipping their Master's classes using lame excuses. They are internally convinced, even if they do not claim to be so, that they have attained a higher state of consciousness, that they are meditating and even that they have attained samádhi. It is not uncommon for them to consider themselves a reincarnation of the Buddha or Christ.

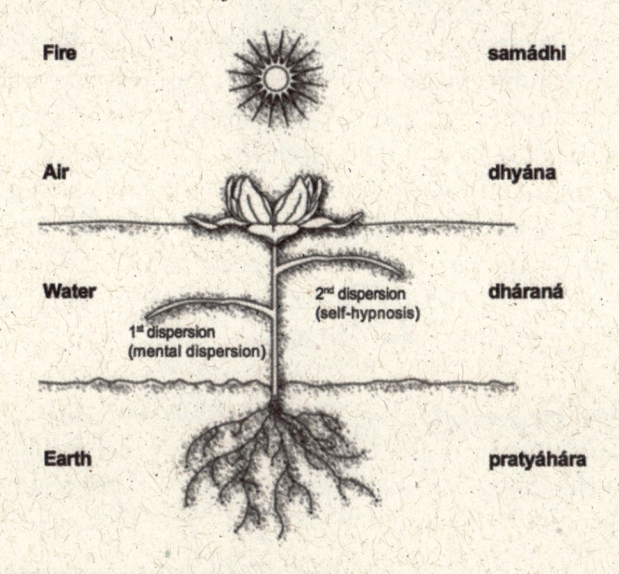

Fire		samádhi
Air		dhyána
Water	2nd dispersion (self-hypnosis)	dhároná
	1st dispersion (mental dispersion)	
Earth		pratyáhára

---

16 We would like to remind the reader that our Ancient Yôga lineage (Niríshwára Sámkhya) does not use terms like *spirit*, *spiritual*, or others that could induce the student to the condition of a believer.

17 A note to the practitioner of the Niríshwára Sámkhya lineage: because you adopt a non-spiritualist line it is less likely that you will enter into madness, but do not be so confident, as cases of *delirium mysticum* can occur even if you are not mystical. Those who do not use jargon like "spiritual evolution" could substitute it with "internal evolution" and fall into the same syndrome of superiority.

NÃO SE DEIXE MANIPULAR

Muito pior do que você se induzir a si mesmo a um transe de auto-hipnose seria se ocorresse hipnose induzida por terceiros sem o seu conhecimento nem consentimento. Imagine esta situação: um grupo de pessoas de boa-fé numa sala, conduzidas por um líder espiritual carismático. Ele induz a uma suposta meditação, mas na verdade está utilizando recursos muito simples de hipnose de palco. Utiliza palavras bonitas, construindo frases com as quais as crenças das pessoas já concordam *a priori*. Deus, paz, tolerância, amor, perdão. Usa termos bíblicos. Utiliza sentenças que já constituem jargões espirituais. Pronto. A partir de um determinado momento, um percentual considerável da assistência estará disposta a doar tudo o que possui a essa entidade religiosa ou espiritualista, cujas sessões são gratuitas.

Você nunca se perguntou como é que sociedades, associações ou cursos gratuitos de Yôga, de meditação ou de mantras conseguem manter sedes tão grandes e dispendiosas?

Nossos cursos são pagos. Nosso trabalho é cristalino. Se alguém deseja fazer um curso, é informado previamente de que esse curso tem uma remuneração claramente declarada. Apesar disso, sentimos na carne como é difícil manter uma sede com nosso trabalho honesto. Como é que cursos gratuitos logram manter-se? O que é barato sai caro e o que é grátis sai caríssimo. Com o chamamento de que o interessado não teria que pagar nada, ele é atraído para a arapuca. "Não custa nada ir dar uma olhadinha, é grátis." A partir de então, começa uma doutrinação muito bem arquitetada, da qual é quase impossível livrar-se.

"SERÁ QUE ESTOU MEDITANDO?"

É comum o estudante consultar o seu instrutor, expondo alguma experiência ou percepção e perguntar:

– Professor, será que isso é meditação?

Então, já vamos adiantar uma dica para que o praticante saiba se conseguiu meditar: se você precisa perguntar, não conseguiu. A regra é: se não tem certeza é porque não entrou em intuição linear; se tivesse entrado, saberia.

DON'T LET YOURSELF BE MANIPULATED

The worst scenario is when you are induced into a state of hypnosis by someone else, without your knowledge or consent. This is much worse than entering into self-hypnosis. Imagine: a group of well-meaning people in a room. They are led by a charismatic spiritual leader. He induces them into a supposed meditation, but in fact, he is making use of simple stage hypnosis. He uses beautiful words, using phrases that are aligned with the beliefs of these people. He talks about God, peace, tolerance, love, and forgiveness. He uses biblical terms. He uses sentences that can already be considered spiritual jargon. There! At a given moment, a considerable percentage of the audience will be willing to donate everything they have to this spiritual or religious institution that offers free sessions.

Have you ever asked yourself how it is that organizations that offer free Yôga courses, free meditation or mantra classes, are able to maintain large and expensive premises?

We charge for our courses. Our work is crystal clear. If someone wants to take a course they are informed in simple language, ahead of time, of the costs. Nevertheless, we know how hard it is to run a business with the fruits of our honest labor. How is it that those people running free courses can survive? Something can be so cheap that we doubt its quality, but if it is free one has to assume that there is no quality. Using the marketing hook of "free" they are able to attract people, and once inside, a professional indoctrination begins that is almost impossible to escape.

"AM I MEDITATING?"

It is common for students to share an experience or perception with their instructor and ask: "Teacher, am I meditating?"

Let me share a tip so you can know if you are meditating: if you need to ask, you are clearly not. The rule is: if you are unsure, it is a sign you have not attained linear intuition; if you had, you would know.

No entanto, a recíproca não é verdadeira. Mesmo que tenha certeza, isso não garante que tenha deflagrado a superconsciência. Pode tratar-se de auto-hipnose.

COMO SABER SE ESTÁ EM MEDITAÇÃO OU EM AUTO-HIPNOSE?

Havendo já eliminado a primeira questão e tendo a certeza de que está meditando, aplique agora o teste da distorção do tempo. Se o tempo for distorcido para menos, estará ocorrendo auto-hipnose. Se o tempo for distorcido para mais, provavelmente será mesmo meditação.

Como assim, tempo distorcido para mais ou para menos? Bem, o tempo está na quarta dimensão, mas essa dimensão é o emocional. Quanto tempo duram dez segundos? Seu impulso é olhar nos ponteiros do seu relógio analógico e responder, com pena de quem tiver perguntado, que dez segundos duram aquele tempo físico. Mas esse não é o tempo real. O tempo real (dentro do que se pode considerar real neste reino de ilusão) é aquele do qual nós temos consciência. Senão, vejamos:

a) Quanto tempo duram dez segundos se você só dispuser de dez segundos para rever a pessoa amada que estava um ano morando noutro continente? Só dez segundos e ela se vai outra vez. Um nada!

b) Quanto tempo duram dez segundos com a broca primitiva de um dentista aplicada sobre o nervo exposto do seu dente inflamado? Uma eternidade!

Em 1975 encontrei-me em Bogotá com Swámi Satyánanda. Conversando, descontraidamente, contou-me uma peripécia de quando era ainda um discípulo iniciante de Sivánanda. No Sivánanda Ashram, havia um toque de recolher às 21 horas. A partir desse horário, as luzes deviam ser apagadas e ninguém mais conversava. Cada qual fazia sua meditação durante uns dez minutos e logo ia dormir, pois a alvorada era às 4 da manhã. Num certo dia, Satyánanda fez seus dez minutos de meditação e quando abriu os olhos... já era dia! Correu para contar o ocorrido ao seu Mestre, supondo tratar-se de um sinal positivo, de algum progresso espiritual efetivo. Este, além de não dar a mínima importância ao fato, ainda proibiu-o de continuar praticando meditação.

However, the opposite is not true: certainty does not ensure that you have attained a state of superconsciousness. It could easily be a state of self-hypnosis.

HOW DO YOU KNOW IF YOU ARE MEDITATING OR IN A STATE OF SELF-HYPNOSIS?

Once you have eliminated the aforementioned question, and you know that you are meditating, it is time to run the time distortion test. If time feels like it has contracted, then you are in self-hypnosis. If time feels like it has expanded, then you are probably meditating.

Wait, what does that mean? Time occupies the fourth dimension, but this dimension is the emotional. How long do ten seconds last? Your natural impulse could be to look at your watch, and state that ten seconds lasts for that length of physical time. But this is not the real time. Real time (or the time that can be considered real in this illusionary realm) depends on our awareness. Consider these scenarios:

a) How long do ten seconds last if: you only had ten seconds to be with your partner, who had been living abroad for a year? Ten seconds...and she is gone again. Ten seconds feels like no time at all!

b) How long do ten seconds last when you have the primitive drill of a dentist gnawing on an exposed nerve of your tooth? An eternity!

In 1975 I met Swámi Satyánanda in Bogota. In our conversation he leisurely told me a tale from when he was a novice disciple of Sivánanda. At the Sivánanda Ashram, there was a 9pm curfew, after which the lights had to be turned off and no one was supposed to talk. Everyone meditated for ten minutes and soon after, went to sleep, as they had to wake up at 4am. One day, Satyánanda started his ten minute meditation and when he opened his eyes... it was already morning! He took this to be a positive sign of actual spiritual progress, and so, filled with pride, he ran to tell his Master what had happened. Sivánanda couldn't care less. He prohibited Satyánanda from continuing to practice meditation, and instead he was assigned manual labor and physically unpleasant tasks.

Ao contrário, conferiu-lhe trabalhos braçais e funções fisicamente desagradáveis. O discípulo Satyánanda interpretou isso como uma punição. Só muito mais tarde é que compreendeu. Ao perder a noção do tempo, sua consciência havia-se contraído ao invés de expandir-se. Isso não é meditação. Ao lhe comandar trabalhos braçais e funções desagradáveis a fim de derivar sua atenção para longe daquele canal não-salutar, o Mestre trouxe-o de volta ao chão e salvou-o de consolidar estados patológicos.

Conclusão:

Se você medita dez minutos e isso se lhe afigura como três horas, sua consciência se expandiu. Você teve a consciência de três horas de percepções, elaborações, aprendizado e lucidez em apenas dez minutos.

Em contrapartida, se você "meditar" durante horas e perder a noção do tempo, se nessas horas só tiver percebido alguns minutos, sua consciência se contraiu, você não teve consciência de todo esse tempo: teve um branco, um lapso de consciência. Então, não meditou. Talvez tenha entrado em auto-hipnose. Não é isso o que queremos.

Se for meditação legítima, sua ampliação da consciência é de tal forma que, num singelo piscar de olhos, você pode passar por uma vivência de muitos minutos e até horas de superconsciência. No início deste capítulo utilizamos a frase "chamamos a esse fenômeno intuição linear, quando conseguimos manter a intuição fluindo voluntariamente *por um segundo inteiro* – ou mais". Um segundo de meditação proporciona um manancial de conhecimento, comparável a muitas bibliotecas. Não se trata de algumas horas de leitura, mas algumas horas de superconsciência.

Satyánanda interpreted this as a punishment. It was not until much later that he understood. When he lost the perception of time, his consciousness had contracted rather than expanded. What he had experienced was not meditation. When his Master ordered him to perform manual labor and unpleasant tasks, his attention was drawn away from that unhealthy channel. The Master had brought him back to the ground and saved him from consolidating abnormal states.

Conclusion:

If you meditate for ten minutes and it feels like three hours, your consciousness has expanded. You have earned three hours of perceptions, elaborations, learning and lucidity in only ten minutes.

On the other hand, if you "meditate" for so many hours that you lose track of time, and you feel like only minutes have gone by, then your consciousness has contracted. You have lost the awareness of all these hours. You were not aware, you blanked out, you had a lapse of consciousness. Therefore you did not meditate. Perhaps you entered into a state of self-hypnosis. This is not what we want.

If you experience true meditation, the amplification of your consciousness is such that, in a simple blink of an eye, you can experience many minutes – even hours – of superconsciousness. Earlier I stated: "We call this phenomenon linear intuition. It means to voluntarily maintain your intuition flowing for a **whole second***, or longer." The knowledge you acquire in a second of meditation is comparable to the knowledge contained in many libraries. It is not hours of reading, but rather hours of superconsciousness.*

OS TRÊS GRAUS DE MEDITAÇÃO

Existem basicamente três graus ou métodos de meditação: yantra dhyána, mantra dhyána e tantra dhyána.

I. O exercício de primeiro grau visando à meditação é o yantra dhyána, que consiste em concentrar-se (aplicar dháraná) na visualização de símbolos ou imagens, até que a mente se sature e os vrittis cessem. Daí advém a estabilidade da consciência, pois desaparecem os fatores de turbulência. Os yantras podem ser: uma forma geométrica, uma flor, a chama de uma vela ou tocha, o sol, a lua, uma estrela, o ÔM etc. Mas só será efetivo se o exercício for feito sempre com um mesmo yantra. Os demais você pode experimentar nos primeiros dias para descobrir qual é o que lhe proporciona melhor concentração. Você deve pousar a sua mente no objeto da concentração sem analisá-lo. Deixar que a sua mente seja absorvida pelo objeto até que observador, objeto observado e o ato da observação, passem a ser um só.

II. O exercício de segundo grau visando à meditação é o mantra dhyána, que consiste em concentrar-se (aplicar dháraná) no som de um mantra sânscrito. Só pode ser sânscrito para evitar o nefasto choque de egrégoras. Alguns Mestres admitem que possa ser utilizado eventualmente algum outro idioma hindu, desde que em pequena proporção. Não é necessário usar um mantra individual. O mantra ÔM é o mátriká mantra, ou mantra mater, que deu origem a todos os demais. O ÔM deve ser repetido em pensamento, ritmicamente, a curtos intervalos, produzindo o efeito "água mole em pedra dura, tanto bate até que fura".

III. O exercício de terceiro grau visando à meditação é o tantra dhyána, que é gupta vidyá e só pode ser ensinado mediante iniciação.

O interessante é que você pode alcançar a meditação profunda através de qualquer um desses três graus. Uma vez obtida a parada dos vrittis, o resultado é sempre o mesmo, não importando o grau ou método usado. Importante é permanecer muito tempo utilizando o primeiro grau, antes de xeretar o segundo. E, igualmente, é necessário executar durante muito tempo o segundo, antes de traquinar com o terceiro.

THE THREE DEGREES TO ATTAIN MEDITATION

There are basically three degrees, or methods, to attain meditation: yantra dhyána, mantra dhyána and tantra dhyána.

I.   *The first degree is yantra dhyána. It consists in concentrating (applying dháraná) on the visualization of symbols, or images, until the mind is saturated and the vrittis cease. As the factors of turbulence disappear, consciousness becomes stable. The yantras can be: a geometric form, a flower, the flame of a candle or torch, the Sun, the Moon, a star, the ÔM etc. This will only be effective if you always use the same yantra. You can experiment concentrating on different symbols in the first few days, until you find the one that allows for the best level of concentration. Focus your mind on the object of concentration without analyzing it. Let your mind be absorbed by the object until the observer, the observed object and the act of observation become one.*

II. *The second degree is mantra dhyána. It consists of concentrating (applying dháraná) on the sound of a Sanskrit mantra. Only Sanskrit should be used to avoid egregore [18]clashes. Some Masters occasionally allow the usage of other Hindu languages, but only to a small degree. For this exercise, using a personalized mantra is unnecessary. The mantra ÔM is the mátriká mantra, the mater mantra, and the one that gave origin to all others. The ÔM should be repeated in thought, rhythmically, in short intervals. This is akin to the effect of repeated water drops perforating a stone.*

III. *The third degree is tantra dhyána. It is gupta vidyá and can only be taught through initiation.*

Interestingly enough, the practice of any one of these three methods will allow you to attain a deep level of meditation. Once you are able to stop the vrittis, the result is always the same. The method or degree used is unimportant. What is important is to use the first degree for a long time, before exploring the second degree. Equally, it is necessary to invest time in the second degree before tinkering with the third degree.

---

18 If you are not familiar with this term, refer to this Author's book **Karma and Dharma**.

Como este capítulo versa sobre aspectos nunca abordados fora do Yôga Antigo, vamos recapitular.

Há três graus denominados yantra dhyána, mantra dhyána e tantra dhyána. Yantra significa símbolo, mecanismo ou instrumento. Mantra significa vocalização. Tantra significa tecido, rede ou teia. São, respectivamente, o primeiro, segundo e terceiro grau de meditação. Na verdade, deveríamos dizer: exercício de primeiro, segundo ou terceiro grau para atingir a meditação. Isso, porque a meditação é uma só. Pode ser mais profunda ou menos, mas isso não depende da via utilizada para chegar lá. Podemos alcançar um bom nível de meditação a partir do exercício de primeiro grau; ou um nível superficial com o exercício de segundo ou terceiro grau. Portanto, o grau yantra, mantra ou tantra dhyána consiste apenas no método ou caminho utilizado para conquistar o estado de superconsciência.

Ao yantra dhyána chamamos de primeiro grau devido à maior facilidade que os iniciantes têm ao intentar esse método, já que ele utiliza objetos concretos para visualizar. Como suporte para a concentração podemos utilizar a imagem do sol, da lua, de uma estrela, uma flor, a chama de uma vela, uma forma geométrica, ou um yantra como o traçado do ÔM em alfabeto dêvanágarí (ॐ). É muito mais fácil para o iniciante, pois basta colocar o objeto ou sua ilustração diante dos olhos, contemplá-lo durante algum tempo e depois fechar os olhos, procurando manter a visualização mental do objeto, sem desconcentrar-se e sem analisá-lo.

Se o poder de concentração do iniciante ainda for moderado e ele perder a imagem, bastará abrir os olhos e observá-la novamente. Por isso, o exercício de primeiro grau visando à meditação é o mais acessível a quem não tem experiência.

Depois que tiver dominado essa técnica, o praticante poderá executar o segundo grau, que consiste em concentrar-se num som, de preferência contínuo. Pode ser em um mantra. O melhor tipo de mantra é o denominado japa (repetição): água mole em pedra dura, tanto bate até que fura, tanto bate até que fura, tanto bate até que fura, até que fura, até que fura, até que fura, até que fura, até que fura. De todos, o mais eficiente é o ÔM. Este método já é mais sutil que o primeiro, pois não se trata de uma imagem concreta e sim de uma vibração sonora. Não é adequado ao iniciante, pois ele precisa primeiramente aprender a vocalizar os mantras corretamente com um instrutor que tenha boa formação e possa ensiná-lo, monitorá-lo e corrigi-lo.

It is important to recap what we have seen, as this chapter covers aspects never before addressed outside of Ancient Yôga.

There are three degrees for meditation: yantra dhyána, mantra dhyána, and tantra dhyána. Yantra means symbol, mechanism or instrument. Mantra means vocalization. Tantra means fabric, string, weave, net or web. They are the first, second and third degrees for meditation, respectively. In fact, we should say: the first (second or third) degree exercises to attain meditation. That is because there is only one meditation. The depth of the meditation may vary, regardless of the method used. We may achieve a good level of meditation from the first degree; or a superficial level with the second or third degree. Therefore, the degree of yantra, mantra or tantra dhyána are just a method, a path, used to attain the state of superconsciousness.

We label yantra dhyána as the first degree because it is easier for beginners to execute this method. It uses the visualization of tangible objects. Objects for concentration may include the image of the Sun, the Moon, a star, a flower, the flame of a candle, a geometric shape, or a yantra such as the design of ÔM in the dêvanágarí alphabet (ॐ). This is much easier for a beginner: place an object, or illustration, in front of you, contemplate it for a little while and then close your eyes with the objective of keeping the mental visualization of the object, without losing concentration and without analyzing it.

If the concentration is still moderate and the image is lost, you can simply open your eyes and look at the object again. This is why the exercise of the first degree for meditation is the most accessible.

Once this degree has been mastered, the practitioner can try the second degree. It consists in concentrating on a sound, preferably a continuous sound. It can be a mantra. The best type of mantra is called japa (repetition): as water drips onto a stone, it will perforate it, it will perforate it, it will perforate it, will perforate, will perforate, will perforate. Among all mantras, the most efficient is the ÔM. As this method utilizes the vibration of sound, it is subtler than the first method that uses a concrete image. This degree is not adequate for beginners, as they must first learn to correctly and precisely vocalize the mantras. Only fully trained instructors can teach, monitor and correct a student.

Finalmente, depois que se tornar instrutor poderá ser iniciado no terceiro grau, o tantra dhyána. Denomina-se assim, não porque tenha algo a ver com a filosofia tântrica, mas pelo significado da palavra (*net*, rede, teia). Você já viu uma teia na floresta, incrustada com gotículas de orvalho, qual diamantes, reluzindo os raios do sol? Parece algo sólido. Mas se a tocarmos ela desaparece instantaneamente. Isso faz alusão à sutileza do método de terceiro grau, assim como ao próprio Tantra, que é uma tradição secreta.

RESUMO DOS TRÊS GRAUS DE MEDITAÇÃO

Primeiro grau:	yantra dhyána	símbolos	△ ☾ ☼ ⚱ ✡ ✝ ॐ
Segundo grau:	mantra dhyána	sons	**ÔM**
Terceiro grau:	tantra dhyána	reservado	(só para instrutores)

"Pensarás ter a Pedra Filosofal em tuas mãos,
porém, ao querer mostrá-la aos infiéis,
verás que é uma pedra de gelo a te escapar por entre os dedos
e nada terás a divulgar, somente tua vã estultícia. "
Advertência aos neófitos
(Mensagens, DeRose Selo Editorial Egrégora)

O escopo da técnica é simples. Ao manter o pensamento detido em um único estímulo, sem variá-lo, negamos à mente o alimento necessário ao seu funcionamento – a variedade. Para funcionar, a mente precisa de variedade, novidade, diversão, digressão, modificação (vritti). Por isso, gostamos tanto de novidades. Por isso, gostamos tanto de nos divertir. Isso agrada à mente. Contudo, se queremos que ela se estabilize, precisamos reduzir progressivamente o fornecimento desse combustível para que a mente pare e deixe que outro estado de consciência mais sutil se manifeste.

Eventually, when you become an instructor, you can be initiated in the third degree, tantra dhyána. Its name does not come from the Tantric philosophy, but instead derives its meaning from the Sanskrit word: net, web. Have you ever seen a dew encrusted web in a forest? Each droplet sparkling like a diamond as the sun kisses it. This web appears so solid. But, upon the lightest of touches it vanishes instantaneously. This is a great analogy to the subtlety of the third degree, as well as to the secret tradition of Tantra itself.

TABLE OF THE THREE DEGREES OF MEDITATION

First degree:	yantra dhyána	symbols	△ ☾ ☼ ⚱ ✿ ✝ ॐ
Second degree:	mantra dhyána	sounds	**ÔM**
Third degree:	tantra dhyána	reserved	(only for instructors)

"Thou shalt bethink thee has't the Philosopher's Stone in thy hands, but at which hour thou wanteth to showeth the infidels, thou shall seeth yond tis a stone of ice slipping through thy fing'rs and thou shall has't nothing to betoken, only thy vain folly."
Warning to the neophyte
(*Messages,* DeRose, Egregora Publishing)

The scope of the meditation technique is simple. As you maintain your thought on a single stimulus, without ever changing it, we deny the mind its fuel – variety. The mind needs variety, novelty, diversion, digression, modification (vritti), and without it, the mind stops. This is why we are so attracted to novelty. This is also why we enjoy having fun. It pleases the mind. Nevertheless, if we want the mind to stabilize, we need to progressively reduce its fuel. This will gradually stop the mind so consciousness can manifest through another, subtler vehicle.

Assim, tanto faz que a técnica seja aplicada sobre uma imagem, sobre um som ou sobre qualquer outro objeto de concentração. O objetivo é que a mente se canse de pensar sempre sobre a mesma coisa, a mesma coisa, a mesma coisa, a mesma coisa, a mesma coisa... Até que, por falta do estímulo da variação, o pensamento pare. Ora, a mente é mais densa que o intuicional. Dessa forma, enquanto ela atuar, eclipsará aquele veículo mais sutil. É preciso que pare e ceda o seu espaço ao intuicional (buddhi).

Para exemplificar isso em sala de classe, costumo segurar um pedaço de giz como objeto de meditação para a turma. Digo-lhes que se concentrem no objeto. Pergunto-lhes: "O que é isto?". Sempre alguém responde: "É giz!"

Se sua mente o reconhece como giz, ela está analisando. Chama-se giz, é branco, é um bastonete de calcário que serve para escrever no quadro negro... Pronto, sua mente está divergindo, divagando, variando a todo o vapor. Para que o praticante consiga fazer a meditação de primeiro grau nesse objeto, é preciso que ele não tenha nome nem forma. Quando eu perguntar: "O que é isto?" tal praticante responderá: "É isto." E seguirá pousando o seu pensamento nisto, somente nisto, por vários minutos. No dia seguinte, outra vez. Todos os dias, durante semanas, talvez durante meses. Até que a mente se sature e não consiga mais pensar nesse mesmo objeto sem analisá-lo. Nesse momento, a mente para e o intuicional ocupa o seu lugar como veículo da consciência. Aí, ocorre o fenômeno da intuição linear, aliás, contemplação, isto é, meditação!

Therefore, whatever technique is used (an image, a sound or any other object of concentration) we will achieve the same result. The objective is that the mind tires of focusing on the same thing, the same thing, the same thing, the same thing, the same thing... Eventually, deprived of variety, the mind stops. Thought stops. The mind is denser than the intuitional. Therefore, as long as it is active it will eclipse the subtler vehicle. The mind must stop and yield its space to the intuitional (buddhi).

When I am in a classroom I try to explain this by holding up a piece of chalk as an object of meditation. I tell the students to focus on the object. I ask them, "What is this?" Someone always answers, "It is chalk!"

If your mind recognizes the object as chalk, it is analyzing it. It is called chalk, it is white, it is a stick of limestone used to write on a blackboard... There it goes: your mind is at full steam, diverging, deviating, creating variety. In order for a practitioner to succeed in attempting the first degree of meditation on an object, it must have no name, no form. When I ask, "What is this?" the practitioner should answer, "It is: this." The practitioner will just place their thoughts on this, only on this, for several minutes. The next day, again, and every day thereafter, for weeks, even months. This will continue until the mind becomes saturated and it can no longer think about this. It is, in this moment, that the mind stops and intuition takes its place as the vehicle for consciousness. This is when linear intuition – contemplation – happens. This is meditation!

A DIFERENÇA ENTRE QUEM MEDITA E QUEM NÃO MEDITA

Quem pratica Yôga, verdadeiramente, dentro de algum tempo acabará conseguindo meditar. Noutras palavras, acabará por conquistar um estado expandido de consciência. Ora, cada patamar de consciência tem a ver com um dos reinos da natureza e com estágios de evolução do espécimen.

MINERAL

Assim, estudando o quadro abaixo, você vai observar que o nível mais baixo é o de **mineral**, que é inconsciente, só possui corpo físico denso manifestado.

VEGETAL

Acrescentando ao mineral um corpo físico bioenergético – ou seja, acrescentando energia vital, energia biológica – passamos a ter um **vegetal**, um ser que pode alimentar-se, excretar, crescer, reproduzir-se, reagir ao ambiente, viver e morrer.

ANIMAL

Insuflando uma emoção, passamos a ter um **animal**, um ser que já conta com desejos, medo, amor e desamor. Ninguém questiona que os animais tenham emoções.

HOMINAL

Inserindo uma mente, esse animal torna-se **hominal**, um ser que usa a razão, a lógica, o registro dos seus conhecimentos, podendo passá-los às gerações futuras. Um ser que elabora obras de arte, poesia, literatura, filosofia. Mas como ele é ainda meio bicho, também mata, tortura, destrói, guerreia. Sente ódio, inveja, ciúme, medo, cobiça.

YÔGIN

Se acrescentarmos um mecanismo intuicional ao hominídeo, ele passa a contar com uma ferramenta muito ágil e superlativamente mais profunda para veicular a consciência: é o intuicional ou superconsciência. Esse ser é um mutante denominado **yôgin**. Não é perfeito ainda, tem um monte de defeitos, mas já está num patamar muito mais elevado de lucidez e de comportamento.

THE DIFFERENCE BETWEEN PEOPLE WHO MEDITATE AND THOSE WHO DO NOT MEDITATE

People who truly practice Yôga will, sooner or later, meditate. In other words, they will attain a state of expanded consciousness. We can relate each level of consciousness to one of the kingdoms of the natural world and to each stage in the evolution of species.

MINERAL

*As you study the diagram that follows you will notice that the lowest level is **mineral**. It is not conscious (unconscious) and only has a manifested dense physical body.*

VEGETAL

*The addition of physical bioenergy (vital energy, biological energy) to the mineral, results in **vegetal** (plants). This being interacts: it feeds, excretes, grows, reproduces, reacts to the environment, lives and dies.*

ANIMAL

*The addition of emotion results in the **animal**. This is a being that has desires, fear, love and loathing. No one questions that animals have emotions.*

HUMAN

*As we incorporate a mind the result is **human**. This is a being that uses reason, logic, keeps records of its knowledge that can be passed to future generations. A being that creates works of art, poetry, literature, philosophy. But, as it is part animal, it will also kill, torture, destroy, wage war. It feels hatred, envy, jealousy, fear, greed.*

YÔGIN

*The addition of an intuitional mechanism to the human gives it an extremely agile and superlatively deeper tool for the expression of consciousness: this is intuition or superconsciousness. This mutant is a **yôgin**. It is certainly not perfect and still has many defects. But, the yôgin is on a higher plane of behavior and lucidity.*

YÔGI

Finalmente, chegamos ao estágio mais elevado de evolução e de consciência para a presente Era. Trata-se do **yôgi**, aquele que já galgou todas as etapas anteriores e conquistou um estado de consciência expandida, denominado hiperconsciência[19].

DEGRAUS EVOLUTIVOS E AS CENOURAS

Se colocarmos todos os estágios anteriores em um gráfico sob a forma de degraus, situando o mineral no degrau mais baixo, o vegetal no próximo degrau, o animal no seguinte e assim sucessivamente, faremos uma constatação que poderá ser um grande estímulo à prática de Yôga.

Verificaremos que a Natureza precisou de milhões de anos para que do mineral surgisse o vegetal. Da mesma forma, necessitou de milhões de anos para que do vegetal, surgisse o animal. Depois, precisou de milhões de anos para que do animal desabrochasse o hominal. E também precisará de milhões de anos para que, por um processo evolutivo natural, aflore de dentro do hominídeo o tipo de ser que chamamos de yôgin. Recebe essa denominação porquanto tal processo evolutivo de milhões de anos pode ser acelerado por meio das técnicas do Yôga. Dessa forma, alguns poucos humanoides serão transmutados em uma nova espécie. Embora preservem seu envoltório físico, serão já uma outra coisa, muito além do que chamamos de Humanidade.

Observe que, no quadro abaixo, a distância evolutiva que separa um vegetal de um animal, é a mesma que separa um hominídeo de um yôgin.

E um yôgi, aquele que não apenas medita, mas que alcançou a hiperconsciência? Bem, a distância deste para uma pessoa comum é de dois degraus, portanto, o yôgi está para uma pessoa comum, assim como essa pessoa está para uma cenoura! Estimulante, não é? Esta comparação é excelente para provocar os praticantes e impeli-los a progredir.

---

19 Esta divisão, obviamente, é utilizada na nossa Escola, sobre a qual o presente livro disserta. Noutras correntes são aplicadas nomenclaturas ou até divisões diferentes. Por exemplo, no ocultismo em vez de yôgin, utiliza-se o termo Iniciado; e em vez de yôgi, utiliza-se Adepto.

YÔGI

*Finally we have reached the highest stage of evolution and conscious-
ness for the present Era. This is the **yôgi**. The one who has climbed all
previous stages and has attained a state of expanded consciousness,
also known as hyperconsciousness[20].*

EVOLUTIONARY STEPS AND THE CARROTS

*If we put all the previous stages on a step diagram, placing the mineral
on the lowest step, the vegetal on the next step, the animal on the next
and so on; we will gain an insight that can be an excellent motivator to
practice Yôga.*

*We will note that it took Nature millions of years to produce the vegetal
from the mineral. Similarly, it took millions more for the animal to
emerge from the vegetal, and millions more for the animal to produce
the human. And it will need millions more for the natural process to
blossom the yôgin from the human. We call this stage yôgin as the evolutionary process, that takes millions of years, can be accelerated by
the techniques of Yôga. In this case, a few humans will be transmuted
into a new species. Although they will preserve their physical form, they
will be something else, far beyond what we call Humanity.*

*You will also note that, in the chart below, the evolutionary distance
that separates a vegetal from an animal is the same distance as that
which separates a human from a yôgin.*

*What about a yôgi, one who not only meditates but has also attained
hyperconsciousness? Well, the distance between a human (a common
person) and this yôgi (who has attained hyperconsciousness) is two
steps. The yôgi is to the average person, what the average person is to
a carrot! This is what I call a stimulus to practice Yôga! This compar-
ison is excellent for motivating practitioners and compelling them to
progress.*

---

20 This division, of course, is used in our School, about which this book has been written. Other
Schools utilize different nomenclature or even different divisions. For example, in the occult tradition,
the term Initiate is used instead of yôgin; and the term Adept is used instead of yôgi.

QUADRO COMPARATIVO DO YÔGA DE PÁTAÑJALI
COM OS VEÍCULOS DE MANIFESTAÇÃO DO SER HUMANO, SEUS CHAKRAS E ESTÁGIOS EVOLUTIVOS

BÍJA	CHAKRA	ANGA	SIGNIFICADO	VEÍCULO	NÍVEL DE CONSCIÊNCIA	ESTÁGIO EVOLUTIVO
ÔM	sahásrara	samádhi	iluminação	Mônada	hiperconsciente	yôgi
	ájña	dhyána	meditação	intuicional	superconsciente	yôgin
HAM	vishuddha	dháraná	concentração	mental	consciente	hominal
YAM	anáhata	pratyáhára	abstração	emocional	subconsciente	animal
RAM	manipura	pránáyáma	respiratórios	físico energético	inconsciente	vegetal
VAM	swádhisthána	ásana	posições	físico denso		mineral
LAM	múládhára	niyama	prescrições éticas	alicerce comportamental	Os angas yama e niyama não são técnicos e, portanto, não atuam em nenhum veículo, mas proporcionam o alicerce desta estrutura.	
		yama	proscrições éticas			

No livro *Corpos do Homem e Planos do Universo*, que se tornou um dos capítulos do **Tratado de Yôga**, apresentaremos novamente este quadro e vamos estudar isso mais a fundo.

Pátañjali afirma em sua obra clássica, o *Yôga Sútra (III-4)*, que samyama é quando ocorrem dháraná, dhyána e samádhi ao mesmo tempo. Isso confundiu os teóricos que tiveram a pretensão de emitir opiniões sobre o Yôga. Eles, equivocadamente, entenderam que era para praticar as três técnicas mescladas. Isso é impossível, uma vez que esses três estados de consciência são, cada um, o desdobramento do anterior, noutra dimensão – o dháraná ocorre quando a consciência flui através da quinta dimensão, o dhyána, quando flui através da sexta dimensão e o samádhi, da sétima. Praticar concentração, meditação e samádhi ao mesmo tempo tem o sentido de executá-los numa só sentada, num só exercício, como alguém que sobe os degraus de uma só escada.

Antes de atingir a meditação, você precisa dominar o dháraná e, antes dele, o pratyáhára. As Upanishads, escrituras muito antigas, referem-se a esse tema com a seguinte alegoria: se o yôgin permanecer 12 mátrás em pratyáhára, entra em dháraná; se permanecer em 12 dháranás, entra em dhyána; se permanecer em 12 dhyánas, entra em samádhi. Está evidente que não é uma questão de multiplicar o tempo de pratyáhára por doze, e depois por doze outra vez. Trata-se de uma alusão ao fato que mencionamos acima: é necessário dominar e transcender cada um para que, de dentro dele, desabroche o seguinte.

TABLE COMPARING PÁTAÑJALI'S YÔGA
WITH THE VEHICLES OF MANIFESTATION OF MAN, HIS CHAKRAS AND EVOLUTIONARY STAGES

BÍJA	CHAKRA	ANGA	MEANING	VEHICLE	LEVEL OF CON-SCIOUSNESS	EVOLUTIONARY STAGE
ÔM	sahásrara	samádhi	illumination	Mônad	hyperconsciousness	yôgi
	ájña	dhyána	meditation	intuitional	superconsciousness	yôgin
HAM	vishuddha	dháraná	concentration	mental	consciousness	human
YAM	anáhata	pratyáhára	abstraction	emotional	subconsciousness	animal
RAM	manipura	pránáyáma	breathing	physical energetic	unconsciousness	vegetal
VAM	swádhisthána	ásana	positions	physical dense		mineral
LAM	múládhára	niyama	ethical prescriptions	behavioral foundation	yama and niyama are not techniques and, therefore, do not act through a vehicle, yet provide the foundation of this structure.	
		yama	ethical proscriptions			

In our book Bodies of Man and Planes of the Universe[21] *we will present this table again and study it in more depth.*

In Pátañjali's classic work, the Yôga Sútra *(III-4), he states that sámyama is when dháraná, dhyána and samádhi occur at the same time. This confused theorists who pretentiously offered their opinions about Yôga. They mistakenly understood that these three techniques should be practiced together, without distinctions. This is impossible. Each of these states of consciousness unfolds from the previous, in another dimension: dháraná occurs when consciousness flows through the fifth dimension; dhyána when it flows through the sixth dimension; samádhi when it flows through the seventh. In fact, the practice of concentration, meditation and samádhi, at the same time, is meant to be done in one sitting, as a single exercise, like someone climbing the steps of a single staircase.*

Before you can attain meditation, you must have mastered dháraná, and before that, pratyáhára. The Upanishads, very ancient scriptures, refer to this topic with the following allegory: if the yôgin remains in pratyáhára for 12 mátrás, they will enter into dháraná; if they remain for 12 dháranás, they will enter into dhyána; if they remain for 12 dhyánas, they will enter into samádhi. It is evident that it is not a question of multiplying pratyáhára by 12, and then by 12 again. It alludes to the fact we previously mentioned: it is necessary to perfect and transcend each level, allowing the next level to bloom from within it.

---

21 This book became a chapter in the book *Treatise of Yôga*.

ABSTRAÇÃO (PRATYÁHÁRA)

A abstração dos sentidos é um fenômeno que todo o mundo já experimentou muitas vezes. Ocorre, por exemplo, quando você está assistindo a uma aula que lhe interessa e não escuta os ruídos circundantes, como uma buzina, campainha, pessoas falando. O mesmo ocorre quando você deixa de escutar a música ambiente, o ruído do ar condicionado etc.

Denominamos pratyáhára consciente quando o fenômeno torna-se voluntário. Por exemplo, você está na sala e decide não escutar mais a música ambiente ou o ruído da rua.

Quando se trata de som, é mais fácil de dominar. Depois, os exercícios passam a ser feitos com os outros sentidos: visão, olfato, paladar e tato.

Não precisa ficar preocupado. Não se trata de desenvolver nenhuma anomalia, mas tão simplesmente de dominar os seus sentidos para desligá-los, tornar a ligá-los ou mesmo aguçá-los, conforme melhor lhe aprouver. Já é um início de desenvolvimento de siddhis, as paranormalidades.

CONCENTRAÇÃO (DHÁRANÁ)

Concentração é um conceito que não requer nenhuma explicação adicional. Todos sabem o que significa concentrar-se. No Yôga, a concentração (dháraná), é a plataforma de lançamento para alcançar o estágio seguinte, meditação (dhyána).

SENSORY ABSTRACTION (PRATYÁHÁRA)

Everyone has experienced sensory abstraction many times in their lives. For example, when you are attending a very interesting class, you do not hear the sounds of your surroundings, such as the honking of a horn, a doorbell, people talking. When you no longer hear the background music of a shop or the noise of the air conditioner at work etc.

When this happens voluntarily we call it conscious pratyáhára. For example, you are in a waiting room and you decide not to hear the background music or the city sounds around you.

It is easier to master sound. Next, the exercises are focused on the other senses: sight, smell, taste and touch.

There is no need to worry. Perfecting pratyáhára is not an anomaly, rather it is the mastering of your senses. It is the ability to turn your senses on or off, or heighten them according to your desire. This can already be considered the start of the development of siddhis (paranormalities).

CONCENTRATION (DHÁRANÁ)

Concentration is a concept that needs no additional explanation. Everyone knows how to concentrate. In Yôga, concentration (dháraná) is the launching platform used to reach the next state, meditation (dhyána).

MEDITAÇÃO (DHYÁNA)

Vamos repassar rapidamente alguns conceitos importantes. Tradução incorreta do vocábulo sânscrito dhyána, o termo meditação foi universalizado e, por isso, agora é impossível substituí-lo. Não obstante, quando falamos com pessoas mais informadas, preferimos utilizar designações tais como intuição linear ou supraconsciência. Pois, na verdade, "meditar" em Yôga significa exatamente o oposto do que essa palavra traduz.

Como já vimos, o dicionário diz que meditar é pensar, refletir sobre algo. Contudo, a proposta do exercício chamado dhyána é parar as ondas mentais, esvaziar sua mente de pensamentos, suprimir a instabilidade da consciência (*chitta vritti nirôdhah*), *Yôga Sútra* I-2.

Para quê parar de pensar? Na verdade, o culto aos "milagres da sua mente" evenerações aos poderes mentais só são concebíveis por parte de pessoas semileigas. Para quem já conquistou estágios mais avançados no Yôga, a mente é uma ferramenta muito rudimentar, lenta, limitada e falha.

Fernando Pessoa, poeta e filósofo português do século passado, concorda:

> "Há metafísica bastante em não pensar em nada.
> Que tenho eu meditado sobre Deus e a alma e sobre a criação do Mundo?
> Não sei. Para mim, pensar nisso é fechar os olhos e não pensar."

Assim como durante o dia o sol eclipsa a sutil luminosidade das estrelas e elas não nos aparecem, da mesma forma cada manifestação mais densa eclipsa as mais sutis. O corpo físico eclipsa o emocional. O emocional eclipsa o mental. E o mental eclipsa o intuicional, onde se processa a verdadeira meditação.

Por isso, quando queremos cultivar ou explorar as emoções, como no caso de uma prece ou mesmo de um relacionamento afetivo, procuramos o aquietamento físico. Quando queremos desimpedir o mental, buscamos o aquietamento emocional – não há lucidez mental se o indivíduo está emocionado. Da mesma forma, se queremos chegar à meditação, precisamos aquietar a mente.

MEDITATION (DHYÁNA)

Let us quickly review some important meditation concepts. The original Sanskrit term, *dhyána, was mistranslated as meditation, and has been universally accepted as such. As a result, it is impossible to substitute it. However, when we are speaking with people with some knowledge about this topic, we prefer to use the terms linear intuition or superconsciousness. The reason for this is because "to meditate", in Yôga, means the exact opposite of the common meaning.*

*As we have seen, the dictionary says that to meditate is to think, to reflect on something. However, the purpose of the technique of dhyána is to stop the mental waves, to empty the mind of thoughts, to suppress the instability of the consciousness (*chitta vritti nirôdhah*), Yôga Sutra I-2.*

Why stop thinking? In truth, it is only the semi-laymen who worship the cult of "miracles of the mind", or who venerate the powers of the mind. In reality, those who have already reached more advanced stages in Yôga see the mind as a very rudimentary, slow, and limited tool that is prone to error.

Fernando Pessoa, a Portuguese poet and philosopher from the twentieth century, agrees:

"There is enough metaphysics in not thinking about anything.

What have I been meditating about God and the soul and about the creation of the World?

I do not know. For me, to think of that means closing my eyes and not thinking."

Just as our Sun eclipses the subtle light of the stars, everything that is denser eclipses that which is subtler. The physical body eclipses the emotional. The emotional eclipses the mental. The mental eclipses the intuitional, where true meditation is processed.

This is why, when we want to explore emotions, as in the case of prayer or in a relationship, we quieten the physical body. When we want clear thinking, we seek to quieten the emotional – there is no mental lucidity when one is emotional. It follows that, when we want to attain meditation, we need to quieten the mind.

Ou melhor, um dispositivo muito mais vasto que a mente, algo que no Yôga denominamos chitta. Ao aquietar esse veículo ou instrumento, afloramos um outro estado de consciência superior, que estava todo este tempo eclipsado pela mente. Tal estado é chamado *supraconsciência* (dhyána). Por esse motivo o homem comum não consegue meditar: seu organismo mental está todo o tempo turbinado.

Recordemos[22]: Rámakrishna comparava a mente humana com a agitação de um macaco, que tivesse tomado álcool, tivesse sido picado por um escorpião e, ainda por cima, se lhe tivesse ateado fogo ao pelo! Assim somos nós. Para alcançar sucesso no Yôga precisamos primeiramente retirar o fogo (pratyáhára); depois, retirar o veneno do escorpião (dháraná); em seguida, retirar o álcool (dhyána); e, finalmente, retirar o próprio macaco (samádhi). Da mesma forma como não conseguimos enxergar o fundo de um lago cuja superfície esteja turbulenta, uma pessoa não pode conhecer o fundo de si mesma se sua mente (personalidade) estiver agitada, instável.

Mas como alcançar a estabilidade da consciência? Como desabrochar a supraconsciência? Como fazer fluir a intuição linear? O processo é simples, só requer disciplina e constância.

Tudo se baseia singelamente em exercer concentração duas ou mais vezes por dia, fazendo com que a mente se eduque e deixe de dispersar-se o tempo todo. O alimento da mente é a diversificação. Por isso, as pessoas gostam de divertir-se, e as coisas novas fazem tanto sucesso.

Lembra-se? Se você negar à sua mente essa dispersão compulsiva, ela primeiro vai reagir como uma criança (que ela é) e vai fazer birra, vai espernear e dizer que quer parar o exercício, que quer sair, que quer dispersar, pensando noutra coisa, fazendo outra coisa, qualquer coisa! Depois, aos poucos, vai-se disciplinando e conseguindo extrair um prazer muito especial em permitir-se ficar alguns instantes todos os dias, fazendo uma catarse que consiste em esbanjar o que nós temos de mais escasso e precioso: o tempo.

---

22 A insistência neste capítulo pela recordação e repetição deve-se à minha experiência de mais de meio século ao ministrar cursos sobre a matéria e durante os quais observei sistematicamente as dificuldades da maior parte dos alunos para compreender tais conceitos, inusitados para a maioria.

Or more precisely, something that is broader than the mind. In Yôga we call it chitta. When we quieten this vehicle (or instrument), we allow another superior state of consciousness, which had been eclipsed by the mind all this time, to blossom. Such a state is called superconsciousness (dhyána). This is why the average person is not able to meditate: their mind is always on overdrive.

Remember[23] Rámakrishna who compared the human mind to the restlessness of a monkey that had drunk alcohol, that was stung by a scorpion and, on top of it all, had its fur on fire! This is what we are like.

In order to succeed in Yôga, we need to first put out the fire (pratyáhára); then, remove the scorpion's venom (dháraná); then, remove the alcohol (dhyána); and finally, get rid of the monkey itself (samádhi).

Just as the turbulent surface of a lake prevents us from seeing the lakebed, a person cannot know their true depth if their own mind (personality) is agitated, and unstable.

How can we stabilize our consciousness? How can we let the superconsciousness blossom? How can we allow linear intuition to flow? It is a simple process that requires discipline and consistency.

All you need to do is to exercise your concentration two or more times per day. This will educate the mind to stop being constantly distracted. The food of the mind is diversity. This is why people enjoy variety and why novelty sells.

Do you remember? If you deny the mind its compulsive diversions, it will react like a child (which it is). At first, it will throw a tantrum, it will kick and scream. It will demand that the exercise is stopped, that it wants to leave, that it wants to be distracted by thinking about something else, that it does not want to be doing this anymore. Anything but this! But then, little by little, the mind gains discipline. It begins to derive a very special satisfaction from spending a few quiet moments every day giving time to itself.

---

23 The reason for the insistence in this chapter to remind and repeat is a result of my experience over fifty years of teaching courses on the subject, during which I observed systematically the difficulties that most students have in understanding these concepts, which are unusual for most.

Só de "ficar quietos" já estaremos recarregando nossas baterias. Mas meditação não é isso. É o que vem depois. Meditação é quando ocorre uma mudança de canal pelo qual flui a consciência. Normalmente, ela flui pelo mental, ou pelo emocional, ou pelo físico. Mas poucas pessoas experimentaram desligar todos esses circuitos e deixar a consciência fluir por um canal mais sutil, mais profundo, chamado intuicional.

Enquanto está falando, trabalhando, estudando, viajando, divertindo-se, você está recebendo informações do exterior. Para ter insights é preciso parar tudo e permanecer sem bombear registros de fora para dentro. Só assim você consegue inverter o fluxo da percepção e fazer aflorar o que está em seu interior. É aí que tem lugar a criatividade artística ou empresarial. É então que ocorre o autoconhecimento.

Um pequeno truque: se você ficar com o rosto contraído ou as costas encurvadas, será mais difícil meditar. Experimente sentar-se ereto e adotar um ar de leve sorriso. Verá que este pequeno artifício o ajudará a superar os primeiros bloqueios.

Outra dica: quanto menos você variar o método, mais rapidamente conseguirá entrar em meditação. Variar é dispersar. A dispersão é o alimento da mente. Sem a dispersão, a mente tende a aquietar-se e para de eclipsar o estado de intuição, mais sutil. Neste livro, oferecemos mais de 50 métodos de concentração e meditação para que o leitor possa escolher o que considerar mais simpático ou efetivo. E também a fim de que o instrutor disponha de um repertório variado para utilizar nas suas aulas. Não obstante, devemos alertar o praticante de que se aplicar sempre o mesmo suporte de concentração, atingirá seu escopo com mais rapidez.

Recorde-se: como saber se já alcançou o estado de meditação ou supraconsciência? É simples: se formula essa dúvida, você não meditou. Se meditasse não teria dúvidas! Mas a recíproca não é verdadeira. Se não tiver dúvidas, isso não é garantia alguma. Você pode ter entrado em auto-hipnose ou em alguma psicopatia se foi mal orientado por ensinantes não-formados. Nesse caso, ao invés de despertar uma megalucidez, o praticante entra num mundo de devaneios e alienações. Isso é muito frequente quando aventureiros tentam fazer meditação sem sua infra-estrutura natural que são os demais angas do Yôga que a precedem: mudrá, pújá, mantra, pránáyáma, kriyá, ásana, yôganidrá.

The act of "being quiet" already recharges our batteries. But this is not meditation. Meditation comes later. Meditation happens when there is a change in the channel through which consciousness flows. Normally it flows through the mental, or the emotional, or the physical body. Yet, a few people have managed to turn all of these circuits off and let consciousness flow through a subtler, more profound channel, known as the intuitional vehicle.

You are receiving external information when you are speaking, working, studying, traveling, or being entertained. In order to have insights you must stop everything and avoid pumping external information inwards. This is the only way to invert the flow of perception and to allow what is within to blossom. This is where artistic and entrepreneurial creativity resides. This is when self knowledge can happen.

Here is small tip: if your face is tense or your back is not straight it will be harder to meditate. Instead, you should try to sit up straighter and allow a gentle smile to caress your face. You will notice that this small detail in posture and attitude will help you overcome the initial hurdles.

Another tip: the less you vary the method of meditation, the quicker you will succeed. When you use different methods you are creating distractions. Such diversions are fuel for the mind. Without fuel, the mind tends to quieten itself and it stops eclipsing the subtler state of intuition. In this book, we have more than 50 methods of concentration and mediation so readers can choose the most compatible and efficient method for themselves. These can also be used by teachers, to have a varied repertoire for their classes. Nonetheless, keep in mind that using the same method of concentration will lead to quicker results.

Reminder*: How do you know if you have attained the state of meditation or superconsciousness? The answer is simple: if you are in doubt, you have not meditated. If you had meditated, there would be no doubt! However, the opposite is not true. If you do not have any doubts, this is not proof of success. You could have entered a state of self-hypnosis, or experienced some psychopathy, if you had been led by untrained "teachers". In this case, instead of awakening mega lucidity, the practitioner enters into a world of reverie and alienation. This is very common when someone tries to meditate without the natural infrastructure of the other angas of Yôga: mudrá, pújá, mantra, pránáyáma, kriyá, ásana and yôganidrá.*

DHYÁNÁSANAS

As posições para meditação denominam-se dhyánásanas. Isso significa que há posições específicas para o exercício de meditação. Essas posições são: samanásana, swastikásana, siddhásana, padmásana (confira no capítulo Ásana, do livro *Tratado de Yôga*). São as posições sentadas, com as costas eretas, as pernas cruzadas, os olhos fechados e as mãos em Shiva mudrá ou em jñána mudrá, conforme a determinação do seu instrutor (consulte o capítulo Mudrá, do *Tratado de Yôga*). Há outras posições sentadas que atendem a quase todos esses requisitos, tais como vajrásana, bhadrásana e outras, mas que não servem por não ter as pernas cruzadas.

Como todo sensitivo sabe muito bem, as pernas cruzadas impedem qualquer manifestação mediúnica, fenômeno que não deve suceder durante a meditação, nem no transcorrer de prática alguma de Yôga. Ocorre que se algum aluno for espírita e tiver cultivado a paranormalidade da incorporação, mas não seja lá muito bem desenvolvido, pode acontecer que ele associe o comando da meditação (*"feche os olhos e concentre-se"*) com uma indução similar utilizada para estimular o fenômeno mediúnico. Pelo reflexo condicionado, tal praticante poderia desencadear um fenômeno durante a prática de meditação o que estragaria o exercício. Além do mais, se estivesse em turma, seus colegas não-espíritas, eventualmente, ficariam mal impressionados e poderiam até abandonar o Yôga.

Essa é uma das razões pelas quais não ensinamos meditação para iniciantes em posição de relaxamento. A outra razão é o fato bastante corriqueiro de os leigos confundirem meditação com relaxamento. Ora, meditação é um exercício ativo e relaxamento é passivo. Na meditação, a consciência se amplia e no relaxamento ela se reduz. Deitados, estamos predispostos a descansar e a dormir. Sentados, estamos programados para trabalhar, estudar, enfim, ficar alerta. Meditação não é descanso, é ficar mais alerta, mais atento, mais desperto. Se até sentados alguns praticantes cochilam quando tentam meditar, imagine deitados!

Quando o yôgin já for mais adiantado e já conseguir meditar com facilidade, passamos a sugerir que experimente meditar com os olhos abertos. Depois, sem o mudrá. Em seguida, em qualquer posição, menos deitado. E, finalmente, caminhando, trabalhando, fazendo seja lá o que for. Afinal, se meditar é ficar mais lúcido e desperto, qualquer coisa que você faça em estado de dhyána será mais bem feita. Mas isso, só para praticantes realmente avançados, que de fato entrem em estado de superconsciência. É ele que vai servir de trampolim para o próximo estado, que é o de hiperconsciência.

DHYÁNÁSANAS

The positions for meditation are called dhyánásanas. This means that there are specific positions for meditation. These positions are: samanásana, swastikásana, siddhásana, padmásana (refer to the chapter Ásana, from the **Treatise of Yôga***). These are seated positions: the back is straight, the legs are crossed, the eyes are closed and the hands are in Shiva mudrá or jñána mudrá – your teacher will select the most appropriate (refer to the chapter Mudrá, in the* **Treatise of Yôga***). There are other positions that meet almost all of these requirements, such as vajrásana, bhadrásana and others. However, these positions do not meet a critical requirement: the legs are not crossed.*

It is well known to sensitive people that crossing their legs impedes any psychic manifestation. This should never occur during meditation or any other Yôga practice. If a student is a follower of spiritism, or has cultivated the paranormality of channeling, but has not developed it fully, the student may associate the meditation command ("close your eyes and concentrate") with a similar instruction used to stimulate the psychic phenomenon. This student may have a conditioned reflex set off during the practice of meditation, ruining the exercise. Moreover, if this practice takes place in a group setting, others who are not followers of spiritism, would be left with a bad impression and may even abandon Yôga altogether.

This is one of the reasons why we do not teach beginners meditation in relaxation positions. The other reason is that people often confuse meditation with relaxation. Meditation is an active exercise and relaxation is passive. Meditation amplifies the consciousness, relaxation reduces it. We are conditioned to rest and sleep when lying down. We are programmed to work and study, in other words, to be alert when we are sitting. Meditation is never resting; it is waking up, it is to be more alert, attentive. Some practitioners doze off when sitting. Imagine what would happen if they laid down!

When a yôgin can meditate with ease, we suggest that they experiment meditating with their eyes open. Then we suggest removing the mudrá. The next step is to try to meditate in any position, except lying down. Finally, we suggest trying to meditate while walking, working or anything else. After all, if to meditate is to be more lucid and awake, anything you do in a state of dhyána will be better. But remember, these recommendations are for experienced practitioners who are able to enter into a state of superconsciousness. For such individuals, meditation will serve as a trampoline to the next stage, hyperconsciousness.

HIPERCONSCIÊNCIA (SAMÁDHI)

A etapa da meditação é bem avançada, contudo, dhyána não é a meta. A meta do Yôga é o samádhi. Só o Yôga conduz ao samádhi. Esse é o nosso diferencial. Daí a melhor definição para qualquer tipo de Yôga autêntico ser a já conhecida, *"Yôga é qualquer metodologia estritamente prática que conduza ao samádhi"*. Não confunda samádhi com satori. Cada um teve origem numa época e num continente diferente, numa etnia distinta e possui proposta diversa. O problema é que todo intelectualoide mistura leituras sobre o Oriente e tende a embaralhar conceitos.

Samádhi é o estado de hiperconsciência que só pode ser desenvolvido pelo Yôga. O samádhi está muito além da meditação. Para conquistar esse nível de megalucidez, é necessário operar uma série de metamorfoses na estrutura biológica do praticante. Isso requer tempo e saúde. Então, o próprio Yôga, em suas etapas preliminares, providencia um acréscimo de saúde para que o indivíduo suporte o empuxo evolutivo que ocorrerá durante a jornada; e provê também o tempo necessário, ampliando a expectativa de vida, a fim de que o yôgin consiga, em vida, atingir sua meta.

Os efeitos sobre o corpo, sua flexibilidade, fortalecimento muscular, aumento de vitalidade e administração do *stress* fazem-se sentir muito rapidamente. Mas para despertar a energia chamada kundaliní com segurança, desenvolver as paranormalidades e atingir o samádhi precisa-se do investimento de muitos anos com dedicação intensiva.

Por isso, a maioria dos praticantes de Yôga não se interessa pela meta da coisa em si (kundaliní e samádhi). Ao invés, satisfaz-se com os fortes e rápidos efeitos sobre o corpo e a saúde.

Existem vários tipos de samádhi. O sabíja samádhi, também denominado savikalpa samádhi ou samprajñata samádhi, é o menos difícil e espera-se que todo praticante de Yôga veterano o experiencie pelo menos uma vez. O nirbíja samádhi, também chamado nirvikalpa ou asamprajñata samádhi – bem, esse já é praticamente inatingível por quem não tenha a conjugação de dois fatores: muita dedicação ao longo de anos e uma programação genética favorável.

HYPERCONSCIOUSNESS (SAMÁDHI)

While the state of meditation is a very advanced stage, dhyána is not the goal. The goal of Yôga is samádhi. Yôga alone leads to samádhi. This is what differentiates Yôga from everything else. This is why the best definition for any kind of authentic Yôga is: "Yôga is any strictly practical methodology that leads to samádhi." *Do not confuse samádhi with satori. These are very different. Each one originated at a different time, on different continents, from distinct ethnic groups and have different proposals. Confusion arises when philosophies from the East are bundled together and mixed with each other.*

Samádhi is the state of hyperconsciousness that can only be attained through Yôga. Samádhi is far beyond meditation. To attain this state of mega-lucidity it is necessary to produce a series of metamorphoses in the practitioner's biological structure. It requires time and vigor. The preliminary stages of Yôga increase the vigor and wellbeing of individuals, so they are able to support the evolutionary demands that will occur during the journey. It also increases life expectancy, providing the yôgin the necessary time to attain the goal of samádhi within their lifetime.

The effects on the body can be felt very quickly: increased flexibility, muscular strength, vitality and the ability to better manage stress. But years of dedication and investment are required to awaken the kundaliní energy safely, to develop the paranormalities and to attain samádhi.

For this reason, most Yôga practitioners are not interested in the goal of Yôga itself (kundaliní and samádhi). Instead, they are happy to settle for the beneficial and quick effects it has on the body and on their health.

There are many kinds of samádhi. Sabija samádhi, also called savikalpa samádhi or samprajñata samádhi, is the least difficult to attain and it is expected that every veteran Yôga practitioner will experience it at least once. Nirbija samádhi, also called nirvikalpa or asamprajñata samádhi, is practically unattainable by anyone without two distinct factors: many years of unbreakable dedication, and favorable genetics.

EXERCÍCIOS

EXERCÍCIOS DE PRATYÁHÁRA

(ABSTRAÇÃO DOS SENTIDOS EXTERNOS)

1) Pegue um relógio analógico de pulso. Coloque-o junto ao ouvido e concentre-se no tique-taque. Ligue um aparelho de som com uma gravação de melodia homogênea, sem altos e baixos, e coloque em volume baixo. Tome o cuidado de não parar de escutar o tique-taque do relógio. Então, vá aumentando lentamente o volume da música, mas sem perder o som do relógio. Quando o volume já estiver no máximo, comece a afastar o relógio, devagar, sempre sem perder a audição seletiva do tique-taque. Quando o braço estiver totalmente estendido, o som no máximo e você continuar escutando o ruído do relógio, o exercício terá atingido seu ponto culminante.

2) Outro exercício de pratyáhára é sentar-se como quem vai meditar, fechar os olhos e não escutar nenhum som externo.

3) Quando tornar-se mais adestrado na abstração, vai poder superar a dor, o que é muito útil em diversas circunstâncias da vida. Mas jamais deve ser utilizado para demonstrações de faquirismo, pois banalizaria os poderes do Yôga.

4) Mais tarde, você vai começar a se abstrair de todos os outros sentidos além da audição, visão, olfato, paladar e tato.

EXERCISES

PRATYÁH*A*RA EXERCISES
(SENSORY ABSTRACTION)

1) *You will need an analogue watch. Put it next to your ear and concentrate on the ticking sound. Turn on some music and play a homogenous melody (background music) and keep the volume on low. Ensure that you never stop hearing the ticking. Then, begin turning up the volume slowly. Maintain your focus on the ticking sound. When you reach maximum volume, begin to slowly distance the watch from your ear. Use your selective hearing to never lose focus of the ticking sound. When your arm is completely extended, and the music is at its maximum volume, and you continue to hear the watch tick, the exercise will have reached its pinnacle.*

2) *Another exercise of pratyáhára: sit as if you are going to meditate, close your eyes and do not listen to any external sound.*

3) *You will be able to overcome pain when you are better trained in sensory abstraction. This can be very useful in many circumstances in life. However, this must never to be used to show off, it banalizes the powers of Yôga.*

4) *Later, you will begin to abstract yourself from all the other senses beyond hearing: vision, smell, taste and touch.*

EXERCÍCIOS DE DHÁRANÁ
(CONCENTRAÇÃO)

Estes exercícios também são utilizados para desenvolver a capacidade de mentalização de formas e cores. Mesmo que considere o exercício muito fácil, pratique diariamente apenas uma das modalidades. Não queira fazer dois ou mais exercícios no mesmo dia. Em vez disso, permaneça mais tempo na mesma técnica.

1) Sente-se, feche os olhos, visualize um triângulo. Não deixe que seu pensamento se disperse. Mantenha a imagem do triângulo nítida e sem interferências, durante um minuto. No dia seguinte, dois minutos. Vá aumentando o tempo à razão de um minuto por dia até chegar a 20 minutos. Depois substitua o exercício por um mais adiantado.

2) Visualize um hexagrama, agora com cor. Dê preferência às cores frias (mas há exceções). Uma cor muito positiva é o azul celeste. Siga a mesma progressão do exercício anterior. Em seguida, vá substituindo sua cor. Depois, passe ao exercício número 3.

3) Mentalize um pentagrama, agora com um fundo de outra cor. Por exemplo, um pentagrama violeta sobre um fundo alaranjado. Depois, vá trocando as cores.

4) Visualize um círculo dourado, sobre fundo verde claro, agora com movimento pendular, lento. Substitua as cores.

5) Conte mentalmente, visualizando os algarismos, de 1 em diante, até que não consiga mais por falta de concentração. Vá aumentando diariamente o seu limite até cerca de 20 minutos.

6) Repita o exercício anterior, agora escolhendo um tipo de número específico para mentalizar. Comece com números de desenho simples e, pouco a pouco, progrida para desenhos mais complexos (2, **2, 2, 2**).

7) Aperfeiçoe o exercício anterior, aplicando uma cor aos algarismos.

8) Avance na técnica, contando cada número com uma cor diferente.

9) Agora, todos os algarismos com uma cor e o fundo noutra.

10) Finalmente, mantenha uma cor de fundo e vá substituindo a cor dos números.

DHÁRANÁ EXERCISES
(CONCENTRATION)

In addition to concentration, these exercises can also be used to develop your capacity to mentalize shapes and colors. You should practice daily just one of the modalities, even if you consider these exercises to be very easy. Do not succumb to the desire to practice more than one modality per day. Instead, invest time using the same technique for longer.

1) Sit, close your eyes and visualize a triangle. Do not let your thoughts diverge. For one minute, maintain a clear image of the triangle, without interferences. On the next day, do the same, but for two minutes. Continue increasing, one minute per day, until you reach twenty minutes. Only then move to a more advanced exercise.

2) Visualize a hexagram, add a color. A very positive color is sky blue. Give preference to colder colors (although there are exceptions). Follow the progression of the previous exercise. Change colors and increase one minute per day, until you reach twenty minutes. Only then, continue on to the third exercise.

3) Mentalize a pentagram, add a background color. For example, a violet pentagram over an orange background. Then, change the foreground and the background colors.

4) Visualize a golden circle on a light green background. Add a slow pendular movement. Substitute the colors.

5) Mentally count upwards from 1, visualizing the numbers until you lose concentration. Increasing your limit daily until you have reached around twenty minutes in this exercise.

6) Repeat the previous exercise, but in a different font. Start with simpler fonts and, little by little, progress to more complex designs (2, **2**, *2*, **2**).

7) Add more complexity to the previous exercise by adding a color to the numbers.

8) Continue to advance by giving each number a different color.

9) Now, use one color for the numbers and another for the background.

10) Set the background color and change the color of the numbers.

EXERCÍCIOS DE DHYÁNA
(MEDITAÇÃO)

O exercício de meditação produz tão melhores resultados quanto menor for a variedade de objetos de concentração utilizada. Entretanto, o iniciante tem o direito de experimentar com uma boa diversidade de recursos para provar cada um deles e depois, finalmente, adotar um único com o qual vai meditar sempre.

Todos os exercícios sugeridos abaixo devem ser praticados com a duração média de 20 minutos pela manhã e outros 20 à noite. No início podem ser praticados por menos tempo, uns 5 minutos. Para yôgins mais avançados, cerca de 30 minutos. Quando não tiver tempo, saiba que é melhor meditar um minuto, apenas, do que não meditar absolutamente nada. E quem é que não dispõe de um minuto pela manhã e outro minuto à noite?

A diferença entre os exercícios de concentração e os de meditação é que nos primeiros deseja-se apenas concentrar o pensamento, enquanto nos segundos, objetiva-se a parada do pensamento, visando à abertura de um novo canal de consciência: a intuição linear!

Yantra dhyána

1) O primeiro exercício de meditação que recomendamos é pousar a consciência sobre o yantra de um coração vermelho com a imagem, em branco, de um yôgi sentado em posição de meditação dentro dele;

2) visualize um pequeno pedaço de cânfora, evaporando lentamente; mantenha seu pensamento pousado na cânfora, realizando êkagrata; quando a cânfora terminar de evaporar, sua mente se aquietará e não pensará em mais nada;

3) estabilize a sua consciência na chama de uma vela;

4) a mesma chama do exercício anterior, localizando-a, agora, dentro do seu coração;

5) a mesma chama no coração, agora com cor alaranjada;

6) a chama no coração, de cor dourada;

7) a chama no coração, com a cor violeta;

8) transferir a visualização da chama para a região do intercílio, entre as sobrancelhas;

DHYÁNA EXERCISES
(MEDITATION)

The less you vary the meditation exercise, the better the results. However, beginners should try many exercises before they settle on the one that they will always use to meditate.

All the exercises below should be practiced, on average, for twenty minutes in the morning and twenty minutes at night. In the beginning, it should be less time: around five minutes twice a day. Thirty minutes is the ideal for veteran yôgins. When you are short on time: it is better to meditate for just one minute than not to meditate at all. Could anyone not have a minute in the morning and a minute at night?

The difference between concentration and meditation exercises is the objective. The first is used to improve concentration, the next to achieve something altogether different: to stop the mind and open a new channel to manifest consciousness, linear intuition!

Yantra dhyána

1) *The first recommended exercise for meditation is to place your consciousness on the yantra of a red heart containing the white silhouette of a yôgi sitting down in a meditation position;*

2) *visualize a small piece of camphor evaporating slowly; maintain your thought on it, executing êkagrata. When the camphor finishes evaporating you will not think about anything, your mind will quieten itself;*

3) *stabilize your consciousness on the flame of a candle;*

4) *the same flame as the previous exercise, now inside your heart;*

5) *the same flame, now in your heart, in an orange color;*

6) *the flame in the heart, in a golden color;*

7) *the flame in the heart, in a violet color;*

8) *move the visualization of the flame to the space between your eyebrows;*

9) estabilize a sua consciência na chama entre as sobrancelhas, com o fogo alaranjado;

10) a chama entre as sobrancelhas, agora com o fogo dourado;

11) a chama entre as sobrancelhas, agora com luz violeta;

12) estabilize a sua consciência num Sol alaranjado brilhando entre as sobrancelhas;

13) estabilize a sua consciência no yantra ÔM dourado, luminoso como um Sol;

14) estabilize a sua consciência no yantra ÔM alaranjado, luminoso, pulsando com mais brilho a cada contagem de um segundo;

15) o símbolo dos canais idá, pingalá e sushumná, brilhando;

16) um botão de lótus branco (ou de qualquer outra flor) desabrochando na região do ájña chakra;

17) estabilize a sua consciência na imagem de uma erupção vulcânica, cuja lava sobe pelo sushumná e, à medida que sobe, transmuta-se e sutiliza-se, tornando-se de líquido rubro (no múládhára) em luz dourada brilhante (no sahasrára);

18) agni dhyána: estabilize a sua consciência na imagem do elemento fogo (já não de uma vela, mas de uma chama maior);

19) váyu dhyána: estabilize a sua consciência na imagem do elemento ar, do vento; visualize e sinta o vento;

20) prithiví dhyána: estabilize a sua consciência na imagem do elemento terra; contemple uma rocha;

21) apas dhyána: estabilize a sua consciência na imagem do elemento água; contemple uma cachoeira ou as ondas do mar;

22) tarakam dhyána: estabilize a sua consciência na imagem de uma estrela solitária no céu;

23) chandra dhyána: estabilize a sua consciência na imagem da Lua;

24) súrya dhyána: estabilize a sua consciência na imagem do Sol;

25) Shiva dhyána: estabilize a sua consciência na imagem de Shiva, o criador do Yôga;

26) guru dhyána: estabilize a sua consciência na imagem do seu Mestre;

9) *stabilize your consciousness on an orange flame between your eyebrows;*

10) *the flame in between your eyebrows, but now in a golden color;*

11) *the flame in between your eyebrows, but now in a violet light;*

12) *stabilize your consciousness on a bright orange sun between your
eyebrows;*

13) *stabilize your consciousness on the yantra ÔM, golden, as bright as
the Sun;*

14) *stabilize your consciousness an orange yantra ÔM, that pulses and
increases in brightness with each passing second;*

15) *the shining symbols of the channels: idá, pingalá and sushumná;*

16) *the bud of the white lotus (or any other flower) blooming in the region of the ájñá chakra;*

17) *stabilize your consciousness on the image of a volcanic eruption.
The lava rising through the sushumná, as it rises, transmuting and
becoming more subtle: from a red liquid (at múládhára) into a
bright golden light (at sahasrára);*

18) *agni dhyána: stabilize your consciousness on the image of ele-
mental fire (not a candle, a much larger flame);*

19) *váyu dhyána: stabilize your consciousness on the image of ele-
mental air, visualize and feel the wind;*

20) *prithiví dhyána: stabilize your consciousness on the image of ele-
mental earth, contemplate a boulder;*

21) *apas dhyána: stabilize your consciousness on the image of ele-
mental water, contemplate a waterfall or the waves of the ocean;*

22) *tarakam dhyána: stabilize your consciousness on the image of a
solitary star in the sky;*

23) *chandra dhyána: stabilize your consciousness on the image of the
Moon;*

24) *súrya dhyána: stabilize your consciousness on the image of the Sun;*

25) *Shiva dhyána: stabilize your consciousness on the image of Shiva,
the creator of Yôga;*

26) *guru dhyána: stabilize your consciousness on the image of your Master;*

27) shaktí (ou shakta) dhyána: estabilize a sua consciência na imagem da sua shaktí ou do seu shakta;

28) kundaliní dhyána: estabilize a sua consciência na imagem da kundaliní; a imagem da kundaliní, como ela é, pode ser obtida vibrando uma vareta de incenso acesa num ambiente escuro: os desenhos serpenteantes descritos pelo brilho da brasa na escuridão, deixando rastros curvos e enroscados, fornecem a imagem mais aproximada da bhujanginí;

29) Íshwara dhyána: estabilize a sua consciência na imagem do arquétipo do yôgi;

30) Gangá dhyána: estabilize a sua consciência na imagem do Rio Ganges;

31) Himálaya dhyána: estabilize a sua consciência na imagem dos Himálayas;

32) vriksha dhyána: estabilize a sua consciência na imagem de uma árvore;

33) padma dhyána: estabilize a sua consciência na imagem da flor de lótus;

34) vajra dhyána: estabilize a sua consciência na imagem do raio;

35) trishúla dhyána: estabilize a sua consciência na imagem do trishúla, arma de guerra símbolo de Shiva;

36) linga dhyána: estabilize a sua consciência na imagem do linga.

Como você pode perceber, a lista é quase infinita. Vai depender da sua imaginação. Mas lembre-se de que conseguirá melhores resultados se utilizar um só suporte para a sua meditação. Quanto menos diversificação, maior o resultado.

27) *shaktí (or shakta) dhyána:* stabilize your consciousness on the image of your shaktí or shakta;

28) *kundaliní dhyána:* stabilize your consciousness on the image of kundaliní. *The image of it can be obtained by undulating a lit stick of incense in the dark: the spiraling trail created by the burning ember in the dark provides the closest image of the bhujanginí;*

29) *Íshwara dhyána:* stabilize your consciousness on the image of the yôgi archetype;

30) *Gangá dhyána:* stabilize your consciousness on the image of the Ganges river;

31) *Himálaya dhyána:* stabilize your consciousness on the image of the Himálayas;

32) *vriksha dhyána:* stabilize your consciousness on the image of a tree;

33) *pádma dhyána:* stabilize your consciousness on the image of the lotus flower;

34) *vajra dhyána:* stabilize your consciousness on the image of a bolt of lightning;

35) *trishúla dhyána:* stabilize your consciousness on the image of the trishúla, Shiva's weapon and one of his symbols;

36) *linga dhyána:* stabilize your consciousness on the image of the linga.

As you can notice, the possibilities are almost endless. The only limitation is your imagination. But, remember you will get better results if you use exclusively a single support for your meditation. The less the variety, the better the results.

Mantra dhyána

1) Medite na mensagem "O templo da paz está dentro de ti", que se encontra no início deste capítulo;

2) pouse o seu pensamento no japa ÔM repetido, ritmado, a curtos intervalos;

3) estabilize a sua consciência no japa ÔM repetido, ritmado, a curtos intervalos; situar o mantra no ájña chakra;

4) estabilize a sua consciência no ÔM vibrando 10 vezes em cada um dos sete principais chakras, em ordem ascendente;

5) estabilize a sua consciência no ajapa-japa dhyána (SO-HAM): uma forma de mantra dhyána utilizando a concentração no som da respiração; ao inspirar, mentalizar o som SO; ao expirar, HAM;

6) estabilize a sua consciência no ajapa-japa dhyána (HAM-SA): uma forma de mantra dhyána utilizando a concentração no som da respiração; trata-se de um exercício semelhante ao anterior, só que começando pela expiração; ao expirar, mentalizar o som HAM; ao inspirar, SA;

7) estabilize a sua consciência com os bíja mantras dos chakras[24] (LAM, VAM, RAM, YAM, HAM, ÔM) repetindo-os mentalmente em ordem ascendente uma vez cada bíja, em seguida duas vezes cada, depois três vezes cada e assim sucessivamente até seis vezes cada bíja; a seguir, em ordem inversa, cinco vezes cada, quatro vezes cada, até uma vez cada; quando você conseguir fazer uma série de: 1+1+1 + 2+2+2 + 3+3+3 + 4+4+4 + 5+5+5 + 6+6+6 + 5+5+5 + 4+4+4 + 3+3+3 + 2+2+2 + 1+1+1, você terá mentalizado 108 vezes cada bíja mantra e sem perder a contagem, já que contar até seis nos seus dedos é fácil[25].

---

24 Este exercício só deve ser feito por instrutores, porque a forma iniciática de pronúncia dos bíja mantras só é ensinada aos muito adiantados.

25 Esta forma de contagem me foi sugerida pelo instrutor Clélio Berti, de Campinas (SP).

Mantra dhyána

1) Meditate on the message: "The temple of peace is within you", which is at the beginning of this book.

2) place your thought on the *japa* ÔM, rhythmically repeated in short intervals;

3) stabilize your consciousness on the *japa* ÔM, rhythmically repeated in short intervals, locate the mantra on the *ájñá chakra*;

4) stabilize your consciousness on the ÔM vibrating 10 times in each of the seven main chakras, in ascending order;

5) stabilize your consciousness on the *ajapa-japa dhyána* (SO-HAM): a form of *mantra dhyána* utilizing concentration on the sound of your breath. When inhaling, mentalize the sound SO. When exhaling, mentalize the sound HAM;

6) stabilize your consciousness on the *ajapa-japa dhyána* (HAM-SA), a form of *mantra dhyána* utilizing concentration on the sound of your breath. It is similar to the previous exercise, but it begins with the exhalation. As you exhale mentalize the sound HAM; as you inhale mentalize the sound SA;

7) stabilize your consciousness on the *bíja mantras* of the chakras[26] (LAM, VAM, RAM, YAM, HAM, ÔM), repeating them mentally in ascending order. Once each *bíja* on the first round, then twice on the next, three times, four, five, six times. Then invert the order from six repetitions, to five, four, three, two and one. When you are able to do a series: 1+1+1 + 2+2+2 + 3+3+3 + 4+4+4 + 5+5+5 + 6+6+6 + 5+5+5 + 4+4+4 + 3+3+3 + 2+2+2 + 1+1+1 you will have mentalized each *bíja mantra* 108 times without having lost count, since counting to six on your fingers is easy[27].

---

26 This exercise is to be done only by instructors because the initiatic pronunciation of the *bíja* mantras is only taught to them.

27 This counting was suggested by the instructor Clélio Berti, from Campinas (Brazil).

Yantra-mantra dhyána

1) Estabilize a sua consciência na energia kundaliní no múládhára chakra, pulsando no mesmo ritmo com que você mentaliza o mantra ÔM repetido, a curtos intervalos;

2) estabilize a sua consciência numa erupção vulcânica que traz sua energia interior para a superfície com uma força colossal, associando o som da energia que ascende à forma de ÔM contínuo;

3) estabilize a sua consciência no japa ÔM repetido, ritmado, a curtos intervalos; situar o mantra no ájña chakra; associar o mantra ÔM com o yantra ÔM; quando o mantra vibrar, o yantra deve pulsar no mesmo ritmo.

Tantra dhyána

Esta técnica é secreta. Cada praticante terá que receber a iniciação diretamente de um instrutor formado, no grau de Mestre, e assumir um compromisso formal de não ensiná-lo jamais, a quem quer que seja.

Yantra-mantra dhyána

1) Stabilize your consciousness on the energy kundaliní, within the múládhára chakra, pulsing on the same rhythm with which you mentalize the repeated mantra ÔM, in short intervals;

2) stabilize your consciousness on a volcanic eruption that brings your internal energy to the surface with a colossal force, associating the sound of the energy that ascends in the form of a continuous ÔM;

3) stabilize your consciousness on the japa ÔM, repeated rhythmically in short intervals, situating the mantra in the ájñá chakra. Associate the mantra ÔM with the yantra ÔM; when the mantra vibrates, the yantra pulses on the same rhythm.

Tantra dhyána

This technique is reserved for instructors. Each practitioner shall receive initiation directly from an instructor who has obtained the title of Master, and assume a formal commitment to never teach it to anyone else.

O DESPERTAR DA CONSCIÊNCIA CÓSMICA

A PRIMEIRA EXPERIÊNCIA

O fato de começar a lecionar Yôga foi a grande alavanca que me catapultou aos estágios mais avançados dessa filosofia. Dedicando-me integralmente ao Yôga, não ocorria dispersão de energias nem de tempo com alguma outra profissão, a qual me ocuparia os dias praticamente inteiros. Em geral, os praticantes só começam a se dedicar ao Yôga à noite, depois que chegam do trabalho, tomam banho, jantam... e então, os diletantes yôgins, cansados e sonolentos, vão ler e tentar praticar alguma coisa. Outros, que optam por estudar pela manhã, antes do trabalho, à noite desmaiam de sono. E ainda têm esposa e filhos, a quem precisam dar atenção.

Nesse panorama, praticar Yôga como aluno é perfeitamente viável e até ajuda a driblar o cansaço, o *stress* e o sono. Por outro lado, tornar-se um estudioso em profundidade e um profissional competente, isso é impraticável. Para evoluir efetivamente nos graus superiores do Yôga é imprescindível tornar-se instrutor, para poder dedicar-se a tempo integral, sem dispersões.

Tive a sorte de começar muito jovem e, portanto, estar na confortável posição de poder estudar e praticar o dia inteiro, a semana toda, o ano todo, sem ser dispersado, nem por uma outra profissão, nem pela família.

Awakening the cosmic consciousness

The first experience

The mystery of things?
I do not.know what the mystery is!
The only mystery is that there is someone who thinks about the mystery.
Fernando Pessoa

Becoming a professional Yôga teacher was the leverage I needed to be catapulted into the more advanced stages of this philosophy. I was able to dedicate myself full-time to Yôga. There was no waste of energy, or time, with some other profession, which would have kept me busy for the entire day. In general, practitioners can only begin dedicating themselves to Yôga at night, after they arrive home from work, take a shower, and have dinner... it is only then that the tired and sleepy dilettante yôgins attempt to read and practice something. Other practitioners may choose to study in the morning, before work, but they invariably feel exhausted at night and crash. Many will have spouses and children who also need their attention.

Under these conditions, becoming a Yôga student is perfectly viable. It may even help to manage fatigue, stress and improve the quality of sleep. On the other hand, these conditions are highly impractical if you would like to become an expert or a competent professional. It is indispensable to become a teacher in order to dedicate yourself full-time, without distractions, to evolve in the superior stages of Yôga.

I was fortunate to have started really young. I was in the comfortable position to be able to study and practice throughout the entire day, every day, of every week, of every year without being distracted. I had no other profession nor family to look after.

Além disso, tornando-me instrutor de Yôga, passei a poder investir na compra de livros importados, mais profundos e muito mais caros. Livros esses que os simples estudantes de Yôga hesitavam em adquirir, pois, sendo para eles fonte de satisfação, mas não de renda, tratava-se de investimento sem retorno financeiro. Para mim, ao contrário, o que gastasse com livros, cursos, viagens, seria tudo revertido em maior aprimoramento na qualidade do meu trabalho. Consequentemente, o investimento retornava de uma forma ou de outra.

Com bons livros e vivendo em estado de imersão total no Yôga, pude mergulhar nos labirintos do inconsciente em longas viagens, cada vez mais remotas, para realizar um verdadeiro "garimpo arqueológico" diretamente nas origens arquetípicas do Yôga. As iniciações que recebera eram um verdadeiro fio de Ariadne, com o qual consegui encontrar o caminho de volta. Meu Minotauro foi o Senhor do Umbral. Algumas experiências eram aterrorizantes, contudo, a juventude me deu forças e intrepidez para superar todas as provas e chegar onde queria. Assim, pude testar até à exaustão um número formidável de técnicas. Como era de se esperar, a maioria das práticas mostrava-se inócua e só funcionava como placebo. Outro tanto era de recursos perigosos, que não ofereciam a mínima segurança ao praticante, como é o caso do mahá vêdha e do antar mauna.

Descobri, ainda, várias combinações explosivas de técnicas que poderiam ser úteis se praticadas em separado, mas tornavam-se violentíssimas se combinadas entre si. Tratei de excluir todas elas e sistematizei as que constatei serem eficazes, bem como seguras. A partir de então, passei a praticar o SwáSthya Yôga, agora sistematizado, com ainda mais afinco e dedicação. Ele provou ser excelente, pois comecei a colher resultados fortes, bastante rápidos e com toda a segurança.

Hoje, isso tudo já está experienciado e codificado, mas quando eu era iniciante e procedia às pesquisas, enfrentando o desconhecido, tive algumas vivências que, acredito, se descrevê-las aqui poderão ser úteis aos que estão começando. De qualquer forma, o primeiro e o mais importante de todos os conselhos[28] que me permito dar ao leitor é o de procurar um bom Mestre, possuidor de um real conhecimento Iniciático e experiência prática.

---

28 O segundo conselho, não menos importante, é: quando você alcançar o samádhi, não o confesse. Se alguém lhe perguntar, negue. Não por humildade e sim por uma questão de autopreservação. Por segurança, exercite o mimetismo com as pessoas que ainda estiverem no nível de consciência meramente intelectual.

Furthermore, becoming a Yôga teacher allowed me to invest in imported books, more profound books that were far more expensive. It was easy to understand that Yôga students would have hesitated to acquire such books. After all, they practice Yôga for pleasure, not as a business, and there is no reason to invest in something without financial return. This was not my case. Whatever I invested on books, courses, or trips would directly improve the quality of my work. Consequently, the investment always had a positive return.

This provided me with ideal conditions: good books and living in a state of total Yôga immersion. I was able to take long, deep dives into the labyrinths of the unconscious. Each journey took me into more remote areas. I was able to undertake a true "archaeological exploration" of the archetypical origins of Yôga. The initiations I received were a true thread of Ariadne, with which I was able to find the way back. My Minotaur was the Lord of the Threshold.

Some of my experiences were frightening. However, my youth gave me the strength and intrepidness to overcome it all and arrive where I wanted. I was able to test, to the point of exhaustion, a formidable number of techniques. As I expected, the majority of the practices proved to be innocuous and served only as a placebo, while others were truly dangerous, failing to provide any degree of safety for the practitioner, such as mahá vêdha and antar mauna.

I also discovered several explosive combinations of techniques. These could be useful if practiced separately, but when combined, they became extremely violent. I excluded all such techniques and systematized only those that proved to be safe and effective. From that moment on, I began to practice, the now systematized, SwáSthya Yôga with even more diligence and dedication. It proved to be excellent. I was able to obtain powerful, quick and safe results.

Today, everything has been experienced and codified. But, when I was a beginner, researching, I faced the unknown. Therefore, I think it could be useful to relate some of these experiences. The first, and most important advice[29] I permit myself to give the reader is to look for a good Master. A Master who possesses true Initiatic knowledge as well as practical experience.

---

29 A second, equally important, piece of advice: when you reach samádhi do not confess you have. If someone asks you, deny it. This is not a matter of humility, but rather, self-preservation. For your own sake, exercise behavioral mimesis of others' level of consciousness.

Ademais, é necessário que o aspirante tenha um excepcional senso crítico para conseguir reconhecer tais atributos e não se deixar iludir por falsos mestres.

Todo praticante tem suas crises de desânimo ocasionadas pelos longos períodos de disciplina e incubação, sem que os resultados do sádhana apareçam. Isso ocorreu também comigo. Eu me questionava se aquelas práticas estariam certas, afinal eram horas e horas de exercícios, de dedicação exclusiva durante meses e anos... Desde as primeiras práticas colhi rápidos e intensos efeitos sobre o corpo, o *stress*, a saúde, a flexibilidade, a musculatura. No entanto, o que eu considerava importante eram os chakras, os siddhis, a kundaliní e o samádhi. E nessa área, não percebia nenhum progresso.

Na verdade, a evolução estava acontecendo aceleradamente dentro de mim, só que em fase de fermentação. Mais tarde descobri que quando o praticante não percebe seu progresso, isso é sinal de que o ritmo do seu desenvolvimento está equilibrado e sendo metabolizável, ou seja, encontra-se dentro dos limites considerados seguros. Acontece que os iniciantes não sabem disso e querem notar picos de progresso palpável. Noutras palavras, aspiram por violentações energéticas que o organismo não metaboliza e resultam em arrancadas de aceleração brusca. Isso tem um custo e termina por onerar a saúde física e mental.

Tanto fiz que acabei conseguindo tomar um tranco. Só não me dei mal porque o SwáSthya Yôga cerca o praticante com inúmeros dispositivos de proteção muito eficazes. Um deles faz com que as forças só sejam liberadas se o sistema nervoso e nádís estiverem realmente purificados e equilibrados.

Certo dia, depois de um longo jejum, pus-me a praticar horas de japa com bíja mantras, pránáyámas ritmados e longos kumbhakas, reforçados com bandhas, kriyás, ásanas e pújás. Após três horas desse sádhana, pratiquei maithuna com a shaktí por mais três horas. Depois, outras duas horas de viparíta ashtánga sádhana, com padma shírshásana de uma hora[30].

---

30 Mencionamos as práticas pelos seus termos técnicos, sem explicá-los em livro, como medida de segurança. Desaconselhamos categoricamente esse tipo de experiência sem a autorização e supervisão direta de um Mestre qualificado. Essa é uma prática para a qual pouca gente está preparada e, sempre, quem pensa que está apto, não está! Se um discípulo nosso cometer a imprudência e a indisciplina de atirar-se atrevidamente a exercícios arriscados antes de ter reconhecidas condições de maturidade para tal, dispensamo-lo imediatamente e não lhe ensinamos mais nada. A segurança e a seriedade são componentes técnicos importantes e indispensáveis no nosso sistema. Afinal, foi o fato de nenhum dos nossos discípulos ter corrido risco algum, que manteve a boa reputação do Método.

The reader must possess an exceptional critical sense to recognise these professional attributes and to avoid deception by false mentors.

After a long period of discipline and incubation, without many results from the sádhana, every practitioner has their despondency crisis. This happened to me too. I dedicated myself exclusively, for hours and hours, for months and years. I questioned myself whether or not those practices were correct... In the beginning, from the first practices, I experienced quick and intense results. I felt improvements in my stress management, in my body, in my health, flexibility and musculature. However, what was important to me were the chakras, the siddhis, kundaliní and samádhi. And, in those areas, I felt I had made no progress.

In reality, the evolution was taking place internally, at an accelerated pace. However, I was unaware that I was in a phase of fermentation. Later on, I would discover that when a practitioner does not notice any progress, this is a sign that the rhythm of their development is balanced and easily metabolized – it is within safe limits. Clearly, beginners are unaware of this process, and instead, they want to experience evolution. In other words, they long for violent energetic discharges that cannot be metabolized by their systems and that feel like an abrupt acceleration of progress. However, this has a cost to their physical and mental health.

Unaware, I continued to push so hard that I eventually received a heavy blow. I was spared more severe consequences because SwáSthya Yôga surrounds the practitioner with numerous, and effective, protective devices. One of these ensures that the forces are only released if the nervous system, and nádís, are sufficiently purified and balanced.

One day, after a lengthy fast, I began to practice japa for hours with bíjá mantras, rhythmic pránáyámas and long kumbhakas. I added bandhas, kriyás, ásanas and pújás. After three hours of this sádhana, I practiced maithuna with a shaktí for another three hours. Then, another two hours of viparíta ashtánga sádhana, with padma sirshásana for an hour[31].

---

31 We mention the practices by their technical terms, without explaining them in books, as a safety measure. We categorically do not recommend this type of experience without the direct authorization and supervision of a qualified Master. This is a practice for which few people are prepared and whoever thinks they are fit, is not! If a disciple of ours commits the imprudence and indiscipline of boldly throwing themselves into risky exercises before demonstrating the conditions of maturity for it, we will dismiss them immediately and teach them nothing else. Safety and seriousness are important technical components of our system. After all, the good reputation of the Method has been maintained by the fact that none of our disciples took any risk.

Então, senti um daqueles ápices de arrebatamento energético, síndrome de excesso. Ao final de tantas horas com práticas tão fortes, acumulativamente com o que já vinha desenvolvendo durante anos, ocorreu o inevitável. Senti que algo estava acontecendo no períneo, como se um motor tivesse começado a funcionar lá dentro. Uma vibração muito forte tomou conta da região coccígea, com um ruído surdo que se irradiava pelos nervos até o ouvido interno, onde produzia interessantes efeitos sonoros, cuja procedência eu podia facilmente atribuir a este ou àquele plexo.

Em seguida, um calor intenso começou a se movimentar em ondulações ascendentes. Conforme os mudrás, bandhas, mantras e pránáyámas, eu podia manobrar a temperatura e o ritmo das ondulações, fazendo ainda com que o fenômeno se detivesse mais tempo em um chakra ou passasse logo ao seguinte. A cada padma, o som interno cambiava, tornando-se mais complexo à medida que subia na linha da coluna vertebral. De repente, perdi o controle do fenômeno, como se ele fosse um orgasmo que você consegue controlar até determinado ponto, mas depois explode. E foi mesmo uma explosão de luz, felicidade e sabedoria. Tudo à minha volta era luz. Não envolvido em luz: simplesmente era luz. Uma luz de indescritível brilho e beleza, intensíssima, mas que não ofuscava. A sensação de felicidade extrapolava quaisquer parâmetros. Era uma satisfação absoluta, infindável. Um jorro de amor incondicionado brotou do fundo do meu ser, como se fosse um vulcão. E a sabedoria que me invadiu durante tal experiência, era cósmica, ilimitada. Num décimo de segundo compreendi tudo, instantaneamente. Compreendi a razão de ser de todas as coisas, a origem e o fim.

Faço questão de frisar: foram vivências como essa que aniquilaram com o meu misticismo assimilado na juventude, perpetrado por leituras equivocadas. ("*Não aceitar, nem rejeitar: não aceitar a graça como sendo divina, nem rejeitá-la porque não o seja.*" Conceito Sámkhya.) Aqueles que declaram ter-se tornado místicos por causa, justamente, de experiências semelhantes, na verdade tiveram apenas vislumbres tão superficiais que acabaram gerando mistérios ao invés de dissolvê-los.

Then I felt the discharge of energy, a rapture, the syndrome of excess.

The cumulative effect of so many hours of practice, added to what I had already been developing for years. The result was inevitable. I felt something happening in my perineum. It was as if an engine had started to work inside me. A very strong vibration took hold of my coccygeal region. It produced a muted sound that radiated through my nerves to the inner ear and produced interesting sound effects. The origin of these sounds could be readily ascribed to this or that plexus.

Then an intense heat began to move upwards in undulations. I could maneuver the temperature and the rhythm of the undulations depending on the mudrás, bandhas, mantras and pránáyámas I used. I could influence the phenomenon to stay longer in one chakra or to move on to the next. At each padma, the internal sound changed, becoming more complex as it rose along the line of the vertebral column.

Suddenly, I lost control of the phenomenon, just as if it were an orgasm that can be managed up to a certain point, but then explodes. It was in fact an explosion of light, happiness, and wisdom. Everything around me was light. I was not enveloped in light: everything was light. A light of indescribable brilliance and beauty. It was intense but it did not obfuscate me. The feeling of happiness exceeded all limits. It was an absolute, limitless, satisfaction. A flood of unconditional love arose from the depths of my being, as if it were a volcano. The wisdom that permeated through me during this experience was cosmic, unlimited. In a tenth of a second I understood everything, instantly. I understood the purpose of all things, the origin and the end.

I want to emphasize: it was experiences like this that annihilated any mysticism I had accumulated in the misguided research of my youth. ("Do not accept, do not reject: do not accept grace as divine; do not reject it for not being so." Sámkhya Principle). People who claim to have become mystics precisely because of similar experiences, only had superficial glimpses that originated mysteries instead of dissolving them.

É como a parábola do homem que encontrou a verdade[32]. No meu caso, dali resultaram os conceitos que me permitiram concluir a sistematização do Método. Naquele momento, tudo ficou claro. Todo o sistema se ajustou sozinho, bastando para isso que fosse observado do alto e visto todo de uma só vez, como através de uma lente grande-angular. Tudo era tão simples e tão lógico! Bastava subir para uma dimensão diferente daquela na qual nossas pobres mentes jazem agrilhoadas cá em baixo.

Vontade de sair daquela experiência, não tive nenhuma. Porém, depois de um enorme período, parecendo-me muitas horas, de regozijo e aprendizado, senti que havia-se esgotado o tempo e era preciso retornar ao estado de consciência de relação, no qual poderia conviver com os demais, trabalhar, alimentar meu corpo etc. Bastou cogitar em volver e imediatamente troquei de estado de consciência. Foi algo muito interessante, sentir-me perder a dimensão do infinito e cair, com a velocidade da luz, de todas as direções às quais havia me expandido, passando a contrair a consciência para um pequeno centro, infinitesimal, blindado por uma mente e por um corpo, numa localização determinada dentro daquele Universo que era todo meu e que era todo eu, apenas um instante atrás. Era o purusha cósmico, contraindo-se para tornar-se purusha individual.

Voltar à dimensão hominal não foi desagradável. A sensação de plenitude e felicidade extasiante permanecia. O curioso foi que tinha-se passado, não as tantas horas que eu supunha, mas tempo algum! O relógio de parede marcava a mesma hora. Portanto, para um observador externo, tudo ocorrera num lapso equivalente a um piscar de olhos e não teria chamado a atenção de ninguém. A partir daquele dia, foi como se tivesse descoberto o caminho da mina: não precisava mais dos mapas. Podia entrar e sair daquele estado sempre que quisesse, com facilidade. Hoje, conversando com alguém ou durante uma aula, entro, vivencio "horas" esse tipo de percepção e retorno sem que o interlocutor perceba.

---

32 Um dia, um filósofo estava conversando com o Diabo quando passou um sábio com um saco cheio de verdades. Distraído, como os sábios em geral o são, não percebeu que caíra uma verdade. Um homem comum vinha passando e vendo aquela verdade ali caída, aproximou-se cautelosamente, examinou-a como quem teme ser mordido por ela e, após convencer-se de que não havia perigo, tomou-a em suas mãos, fitou-a longamente, extasiado, e então saiu correndo e gritando: "Encontrei a verdade! Encontrei a verdade!" Diante disso, o filósofo virou-se para o Diabo e disse: "Agora você se deu mal. Aquele homem achou a verdade e todos vão saber que você não existe..." Mas, seguro de si, o Diabo retrucou: "Muito pelo contrário. Ele encontrou um pedaço da verdade. Com ela, vai fundar mais uma religião e eu vou ficar mais forte!"

It is like the parable of the man who found the truth[33].This experience led me to the concepts that enabled me to complete the systematization of the DeROSE Method. At that moment, everything became clear. As I was observing it from above, I could see it all at once, as if I was looking through a wide-angle lens, the entire Method simply adjusting itself. Everything was so simple, so logical! All that was necessary was to rise to a different dimension from the one in which our poor minds lie shackled.

I had no desire to end that experience. However, after a long time, that seemed like many hours of reveling and learning to me, I felt that my time there had run out. I had to return to the state of consciousness in which I could relate with others, work, feed my body etc. The simple consideration of a return was enough to immediately change my state of consciousness. It was really interesting. I felt myself losing the infinite and falling, at the speed of light, in all the directions from which I had expanded. I felt the contraction into an infinitesimal center, shielded by a body and a mind, in a certain location within that Universe, which was all mine and was all me, just a moment ago. It was the cosmic purusha, contracting to become the individual purusha.

The return to the human dimension was not unpleasant. The sensation of plenitude and ecstatic happiness remained. The most remarkable thing was that, what had felt like hours, was indeed no time at all! The clock on the wall had not moved. If someone was looking at me from the outside, everything that I had experienced, had taken as long as the blink of an eye. No one would have noticed.

From that day onwards, it was as if I had discovered the path through the woods. I no longer needed any maps. I could enter and leave that state with ease, whenever I desired. Today, when I speak with someone, or during a class, I can enter this state, experience it for "hours", and return without anyone ever noticing.

---

33 One day, a philosopher was talking to the Devil when a wise man passed by with a sack full of truths. Distracted, as the sages usually are, he did not realize that a truth had fallen out of the sack. In passing, an ordinary man saw that a truth fallen. He approached cautiously, examined it as if he feared being bitten by it, and after convincing himself that there was no danger, he held it in his hands. He stared at it deeply, ecstatically, and then ran away and cried, "I have found the truth, I have found the truth!" Seeing this, the philosopher turned to the Devil and said: "Now you have a problem. That man has found the truth and everyone will know that you do not exist..." Yet, sure of himself, the Devil replied: "But on the contrary, he has found a piece of the truth, and with it he will establish another religion, and I will become stronger!"

Aula do Preceptor DeRose na Praça da Paz, no Parque do Ibirapuera, em São Paulo, em comemoração ao Dia do Yôga, 18 de fevereiro, em 2008. Compareceram milhares de alunos e instrutores de várias linhas do Yôga.

Professor DeRose's class at Praça da Paz in Ibirapuera Park, São Paulo, in celebration of Yôga Day, February 18, 2008. Well over two thousand students and instructors from various lines of Yôga attended.

RECONHECIMENTOS
COM QUE O AUTOR FOI AGRACIADO

Ao compilarmos os dados, os diplomas e as reportagens (apenas uma pequena parte) do nosso amigo e professor DeRose para publicar na forma de livro, precisamos esclarecer algo fundamental. DeRose nunca deu importância a títulos e diplomas para si mesmo.

Como pesquisador e escritor recluso, não via porque um pedaço de papel devesse merecer a credibilidade de refletir o valor do indivíduo. Com isso, deixou de buscar vários certificados a que tinha direito; e outros, que conseguiram lhe chegar às mãos, terminaram no fundo de gavetas, estragados pelas décadas ou extraviados.

Assim foi de 1960 a 2001. Mas o destino é mesmo interessante. Como ele não corria atrás de títulos nem de exaltação pessoal, essas coisas correram atrás dele e, finalmente, alcançaram-no. Com mais de quarenta anos de profissão, a partir do novo século que despontava, DeRose começou a concordar em receber este e aquele reconhecimento.

Depois de mais de cinco décadas ensinando e formando instrutores, contando já então com uma legião de bons profissionais admiradores do seu ensinamento, DeRose decidiu que tais comendas, medalhas, láureas e títulos eram mérito, não dele, mas de todos os instrutores que estavam no *front*, trabalhando com o público e realizando boas obras.

Entendendo que tais profissionais, bem como a própria filosofia que eles professavam, mereciam o justo reconhecimento do público, das autoridades, do Governo e da Imprensa, passou a comparecer às solenidades de outorga. Mas sempre fez questão de registrar:

"As honrarias com que sou agraciado de tempos em tempos pelo Exército Brasileiro, pela Assembleia Legislativa, pelo Governo do Estado, pela Câmara Municipal, pela Polícia Militar, pela Defesa Civil, pela

Associação Paulista de Imprensa, pelo Rotary e por outras entidades culturais e humanitárias tratam-se de manifestações do respeito que a sociedade presta à nossa filosofia e ao trabalho de todos os profissionais desta área. Assim, sendo, quero dividir com você o mérito deste reconhecimento."

Várias das comendas e condecorações que recebeu em número impressionante estão reproduzidas fotograficamente nas páginas deste histórico. Mesmo assim, só concordou com a divulgação deste material mediante a expressa declaração abaixo:

"A divulgação destas homenagens e condecorações não tem justificativa na vaidade pessoal. É muito bom que ocorram essas solenidades de outorga, pois a opinião pública, nossos instrutores, nossos alunos e seus familiares percebem que há instituições fortes e com muita credibilidade que nos apoiam e reconhecem o valor do trabalho que realizamos pela juventude, pela nação e pela humanidade."

Dessa forma, aqui está um pequeno acervo de histórico, fotografias, documentos e entrevistas que conseguimos resgatar e publicamos como presente de aniversário do nosso Mestre em Estilo de Vida, construtor da Nossa Cultura e lutador exemplar.

Comissão Editorial

Ser uma personalidade pública é uma maldição: implica que lhe atribuam coisas boas que você nunca fez e coisas ruins que você jamais faria.
DeRose

Vídeo de outorga do Grão-Colar Cruz do Anhembi: derose.co/outorgaderose1
Vídeo de posse como imortal da academia ABRASCI: derose.co/outorgaderose2
Vídeo de outorga da Medalha da Constituição: derose.co/outorgaderose3
Entrega do Grão-Colar ao Presidente da Cruz Vermelha: https://derose.co/entrega-cruz-vermelha
Grã-Cruz da Ordem Militar e Hospitalar São Lázaro de Jerusalém: http://derose.co/gracruz-saolazaro
Vídeo de outorga do Grão-Colar: derose.co/grao-colar
Vídeo de discurso na Câmara Municipal de São Paulo: http://derose.co/discurso-camara
Vídeo de outorga ao General Szelbracikowski: https://derose.co/entrega-cruz-vermelha-discurso

Histórico e trajetória do Comendador DeRose

Resumo da história recente, com o acréscimo de fatos que ocorreram depois de concluído e publicado este livro.

Um registro histórico do Yôga no Brasil

Texto resumido.

Chamam-me Mestre, chamam-me Doutor,
tenho milhares de discípulos, mas tudo isso é vão.
Fausto, de Von Goethe

Em 1960, DeRose começou a lecionar gratuitamente na Fraternidade Rosacruz, tornando-se assim um dos primeiros e, atualmente, o mais antigo professor de Yôga do Brasil ainda vivo e em atividade de magistério.

Em 1964, fundou o Instituto Brasileiro de Yôga, no qual conseguiu conceder centenas de bolsas de estudo, mantendo mais da metade dos alunos em regime de gratuidade total de 1964 a 1975.

Em 1966, realizou a primeira aula gravada no mundo com uma aula completa de Yôga. Antes disso só havia gravações com relaxamento.

*Em 1969, publicou o primeiro livro (**Prontuário de Yôga Antigo**), que foi elogiado pelo próprio Ravi Shankar, pela Mestra Chiang Sing e por outras autoridades.*

Em 1974, viajou por todo o país ministrando cursos e percebeu que a maior parte dos professores era constituída por gente muito boa e que estava ansiosa por acabar com a desunião reinante entre aqueles que pregavam a paz e a tolerância. Estavam todos querendo que surgisse uma instituição que os congregasse e conciliasse. Pediu que esperassem sua volta da Índia para fundar o movimento de união de todas as modalidades.

Em 1975, foi à Índia pela primeira vez. Retornaria aos Himálayas por mais 24 anos. Estudou com Krishnánanda, Nádabrahmánanda, Turyánanda,

Muktánanda, Yôgêndra, Dr. Gharote e outros. Segundo os hindus, eles foram os últimos Grandes Mestres vivos, os derradeiros representantes de uma tradição milenar em extinção. Quando voltou da primeira viagem à Índia, sentiu muito mais força, agora investido com a bênção dos Mestres e com o poder milenar dos Himálayas. Com essa energia fundou a União Nacional de Yôga, a primeira entidade a congregar instrutores e escolas de todas as modalidades de Yôga, sem discriminação. Foi a União Nacional de Yôga que desencadeou o movimento de união, ética e respeito mútuo entre os profissionais dessa área de ensino. Conflagrou uma grande corrente de apoio por parte dos colegas de diversos ramos de Yôga. Isso coincidiu com a cessação dos exames para credenciamento de ensinantes de Yôga pela Secretaria de Educação do Estado da Guanabara, o que levantou o outro braço da balança, projetando o Professor DeRose como preparador dos futuros instrutores. Estava sendo lançada a sementinha da Primeira Universidade de Yôga do Brasil, que surgiria duas décadas depois, em 1994.

*A partir da década de 1970, introduziu os **Cursos de Extensão Universitária para a Formação de Instrutores de Yôga** em praticamente todas as Universidades Federais, Estaduais e Católicas do Brasil.*

Em 1976, implantou o Curso de Formação de Professores de Yôga na Universidade Espírita de Curitiba (documentação comprobatória no livro "Quando é Preciso Ser Forte", 44ª. edição).

*Em 1978, o Professor DeRose liderou a campanha pela criação e divulgação do **Primeiro Projeto de Lei visando à Regulamentação da Profissão de Professor de Yôga**, o qual despertou viva movimentação e acalorados debates de Norte a Sul do país.*

Em 1980, começou a ministrar cursos na própria Índia e a lecionar regularmente para instrutores de Yôga na Europa (o primeiro curso havia sido em Paris, 1975).

*Em 1982, realizou o **Primeiro Congresso Brasileiro de Yôga**. Ainda em 82, lançou o primeiro livro voltado especialmente para a orientação de instrutores, o **Guia do Instrutor de Yôga**; e a primeira tradução do **Yôga Sútra de Pátañjali**, a mais importante obra do Yôga Clássico, já feita por professor de Yôga brasileiro.*

*Em 1994, completando 20 anos de viagens à Índia, fundou a **Primeira***

Universidade de Yôga do Brasil e a **Universidade Internacional de Yôga** em Portugal.

Em 1997, DeRose lançou os alicerces do **Conselho Federal de Yôga** e do **Sindicato Nacional dos Profissionais de Yôga**. Pouco depois, retirou-se e entregou a direção do Conselho aos colegas de outras modalidades de Yôga a fim de tranquilizá-los no sentido de que não pretendia ser presidente dessa instituição e muito menos usá-la para benefício próprio.

Em 1998, DeRose foi citado nos Estados Unidos por Georg Feuerstein no livro **The Yoga Tradition**.

Em 2000, vários pensamentos de DeRose são citados no livro **Duailibi das Citações**, do publicitário Roberto Duailibi, da DPZ.

Em 2002, abandonou qualquer participação ativa na luta pela regulamentação. Tomou essa decisão para que os colegas de outras linhas de Yôga, Yóga, Yoga ou ioga ficassem bem à vontade para assumir a liderança e decidir, eles mesmos, como queriam que fosse realizada a tão importante regulamentação da profissão de instrutor de Yôga. Lamentavelmente, com a saída do Professor DeRose, o projeto da regulamentação da profissão caiu no esquecimento e a profissão nunca foi regulamentada.

Em 2003, DeRose foi referido novamente por Georg Feuerstein no livro **The Deeper Dimension of Yoga**, Shambhala Publications, Inc.

Em 2007, publicou a obra mais completa sobre esta filosofia em toda a História: o primeiro **Tratado de Yôga** escrito no mundo, com cerca de mil páginas e mais de duas mil fotografias.

Em 2008, **o primeiro Curso Superior de Yôga do Brasil**, sequencial, foi promovido pela Rede DeROSE na Universidade Estadual de Ponta Grossa (documentação comprobatória no livro "Quando é Preciso Ser Forte", 44ª. edição), sob a batuta da Profª. Maria Helena Aguiar.

Em 2009, DeRose é citado no livro **Paris Yoga**, de Lionel Paillès, Editora Parigramme.

Em 2009, DeRose é citado pela revista **Time Out**, de New York.

Em 2010, DeRose é citado diversas vezes no livro **Lei de Diretrizes e Bases da Educação Nacional**, do Prof. Hamurabi Messeder.

*Em 2010 recebeu o título de **Professor Doutor Honoris Causa** pelo Complexo de Ensino Superior de Santa Catarina, Faculdade de Ciências Sociais de Florianópolis.*

*Em 2011, DeRose é citado em uma extensa reportagem do jornal londrino **Evening Standard** de 23 de fevereiro de 2011, sobre o crescimento do DeROSE Method na Inglaterra.*

*Em 2012 é citado e homenageado em um livro publicado na França, intitulado **Le Yôga est un jeu**, de Éric Marson et Jaime F. Gamundi Montserrat, publicado pela Editora Librio.*

De 2012 a 2016 não anotamos as referências.

*Em 2017, mais duas menções na Inglaterra, uma delas no **Sunday Times**, de London (reproduzidas no livro **Quando é Preciso Ser Forte**, 44ª. edição). E outras duas em New York, uma na **INC** e outra na **Forbes** (reproduzidas na 45ª. edição).*

*No Brasil, por lei estadual, a data do aniversário do Professor DeRose, 18 de fevereiro, foi instituída como o **Dia do Yôga** em **14 ESTADOS**: São Paulo, Rio de Janeiro, Paraná, Santa Catarina, Rio Grande do Sul, Minas Gerais, Bahia, Mato Grosso, Mato Grosso do Sul, Pará, Goiás, Piauí, Ceará, Amapá e mais o Distrito Federal.*

*Atualmente, DeRose comemora mais de 30 livros escritos, publicados em vários países e mais de um milhão de exemplares vendidos. Por sua postura avessa ao mercantilismo, conseguiu o que nenhum autor obtivera antes do seu editor: a autorização para permitir free download de vários dos seus livros pela internet em português, espanhol, francês, inglês e disponibilizou centenas de webclasses gratuitamente no site **www.DeROSEMethod.org**, site esse que não vende nada.*

Todas essas coisas foram precedentes históricos. Isso fez de DeRose o mais citado e, sem dúvida, o mais importante escritor do Brasil na área de autoconhecimento, pela energia incansável com que tem divulgado a filosofia hindu nos últimos mais de 60 anos em livros, jornais, revistas, rádio, televisão, conferências, cursos, viagens e formação de novos instrutores. Formou mais de 10.000 bons instrutores e ajudou a fundar milhares de espaços de cultura, associações profissionais, Federações, Confederações e Sindicatos. Hoje tem sua obra expandida por: Argentina, Chile, Portugal, Espanha, Itália, França, Inglaterra, Escócia, Alemanha, Finlândia,

Austrália, Estados Unidos etc.

A partir de 2008, o Comendador DeRose decidiu comunicar a todos que estava se retirando do segmento profissional do Yôga e passou a dedicar-se a outra atividade: o DeROSE Method – *que é muito mais abrangente.*

FORA DO AMBIENTE DO YÔGA

Pobre do homem que é conhecido por todos,
mas não se conhece a si mesmo.
Francis Bacon

RECONHECIMENTO PELA

Assembleia Legislativa, Governo do Estado, Defesa Civil, Câmara Municipal, Exército Brasileiro, Polícia Militar, Rotary, Associação Paulista de Imprensa, Câmara Brasileira de Cultura, Ordem dos Parlamentares do Brasil, ABFIP ONU Brasil, OAB etc.

Comemorando 40 anos de carreira no ano 2000, recebeu em 2001 e 2002, o reconhecimento do título de **Mestre** *(não-acadêmico) e* **Notório Saber** *pela FATEA – Faculdades Integradas Teresa d'Ávila (SP), pela Universidade Lusófona, de Lisboa (Portugal), pela Universidade do Porto (Portugal), pela Universidade de Cruz Alta (RS), pela Universidade Estácio de Sá (MG), pelas Faculdades Integradas Coração de Jesus (SP), pela Câmara Municipal de Curitiba (PR).*

Em 2001, recebeu da Sociedade Brasileira de Educação e Integração a Comenda da Ordem do Mérito de Educação e Integração.

Em 2003, recebeu outro título de Comendador, agora pela Academia Brasileira de Arte, Cultura e História. Mais tarde, seria convidado para receber o grau de Comendador pela Ordem do Mérito Polícia Judiciária.

Em 2004, recebeu o grau de Cavaleiro, pela Ordem dos Nobres Cavaleiros de São Paulo, reconhecida pelo Comando do Regimento de Cavalaria Nove de Julho, da Polícia Militar do Estado de São Paulo.

Em 2006, recebeu a Medalha Tiradentes, pela Assembleia Legislativa do Estado do Rio de Janeiro, e a Medalha da Paz, pela ABFIP ONU. No mesmo ano, recebeu o Diploma do Mérito Histórico e Cultural, no grau de Grande Oficial. Foi nomeado Conselheiro da Ordem dos Parlamentares do Brasil.

Em 2008, recebeu a Láurea D. João VI, em comemoração aos 200 anos da Abertura dos Portos. No seu aniversário, dia 18 de fevereiro, recebeu, da Câmara Municipal, o título de Cidadão Paulistano. Em março, foi agraciado, pelo Governador do Estado de São Paulo, com o Diploma Omnium

Horarum Homo *(homem para todas as horas)*, da Defesa Civil. Neste mesmo ano, recebeu a Cruz da Paz dos Veteranos da Segunda Guerra Mundial, a Medalha do Mérito da Força Expedicionária Brasileira, a Medalha MMDC, pelo Comando da Polícia Militar do Estado de São Paulo, a Medalha do Bicentenário dos Dragões da Independência do Exército Brasileiro e a Medalha da Justiça Militar da União.

Comendador DeRose recebendo a Medalha da Paz, da ABFIP ONU, em 2006.

Em novembro de 2008, foi nomeado Grão-Mestre Honorário da Ordem do Mérito das Índias Orientais, de Portugal.

Em virtude das suas atuações nas causas sociais e humanitárias, no dia 2 de dezembro, recebeu uma medalha da Associação Paulista de Imprensa. No dia 4 de dezembro, foi agraciado com a medalha Sentinelas da Paz, pela Associação dos Boinas Azuis da ONU de Joinville, Santa Catarina. No dia 5 de dezembro, recebeu, na Câmara Municipal de São Paulo, a Cruz do Reconhecimento Social e Cultural. No dia 9 de dezembro, recebeu, no Palácio do Governo, a medalha da Casa Militar, pela Defesa Civil, em virtude da participação nas várias Campanhas do Agasalho do Estado de São Paulo e na mobilização para auxiliar os desabrigados da tragédia de Santa Catarina. No dia 22 de dezembro, recebeu mais um diploma de reconhecimento da Defesa Civil, no Palácio do Governo.

Comendador DeRose recebendo a Medalha Marechal Falconière, em 2007. Na foto, também estão sendo agraciados o Coronel Ventura, Presidente da Sociedade Veteranos de 32; o coronel Mendes, do Grande Oriente de São Paulo; e o Prior *Knight Grand Cross of Justice,* Dr. Benedicto Cortez, da *The Military and Hospitaller Order of Saint Lazarus of Jerusalem.*

Comendador DeRose recebendo a Medalha Internacional dos Veteranos das Nações Unidas e dos Estados Americanos, em 2007, das mãos do Coronel Lemos.

Em janeiro de 2009, recebeu o diploma de Amigo da Base de Administração e Apoio do Ibirapuera, do Exército Brasileiro.

Em 2010, recebeu o título de Professor Doutor Honoris Causa pelo Complexo de Ensino Superior de Santa Catarina, Faculdade de Ciências Sociais de Florianópolis.

DeRose é apoiado por um expressivo número de instituições culturais, acadêmicas, humanitárias, militares e governamentais, que reconhecem o valor da sua obra e tornaram-no o preceptor de Yôga mais condecorado no Brasil com medalhas, títulos e comendas. Contudo, ele sempre declara:

"As honrarias com que sou agraciado, de tempos em tempos, tratam-se de manifestações do respeito que a sociedade presta a esta filosofia e ao trabalho de todos os profissionais desta área. Assim sendo, quero dividir com você o mérito deste reconhecimento."

Comendador DeRose no Museu da Marinha do Brasil, recebendo a Láurea D. João VI, em comemoração aos 200 anos da Abertura dos Portos, em 2008.

Na Câmara Municipal de São Paulo, o Comendador DeRose recebeu o título de Cidadão Paulistano, em 18 de fevereiro de 2008, data do seu aniversário e também Dia Estadual do Yôga por Lei do Estado de São Paulo.

O Comendador recebendo, em 2005, a medalha comemorativa aos 25 anos de DeROSE Method em Portugal. Da esquerda para a direita: o escultor Zulmiro de Carvalho, os professores Luís Lopes, DeRose, António Pereira e o Vereador da Câmara Municipal de Gondomar, Fernando Paulo.

Comendador DeRose na solenidade de recebimento da Medalha MMDC, dos Veteranos de 32, em 2008.

Comendador DeRose recebendo a
Medalha do Bicentenário dos Dragões da Independência, em 2008.

Comendador DeRose, recebendo a Medalha da Justiça Militar da União, em 2008.

Comendador DeRose com o Prior *Knight Grand Cross of Justice,* Dr. Benedicto Cortez, da *The Military and Hospitaller Order of Saint Lazarus of Jerusalem,* ambos com a Medalha da Justiça Militar da União.

Comendador DeRose, portando o Colar José Bonifácio e outras comendas, com Fernanda Neis, no evento de congraçamento e premiação aos melhores profissionais do ano de 2008, realizado pela Academia Brasileira de Arte, Cultura e História.

Comendador DeRose presidindo a Mesa de Honra, no evento de congraçamento e premiação aos melhores profissionais do ano de 2008.

Comendador DeRose recebendo o Diploma de Conselheiro da Academia Brasileira de Arte, Cultura e História.

Comendador DeRose discursando no Salão dos Pratos, do Palácio do Governo, em 2009, após receber a Medalha da Casa Militar, do Gabinete do Governador do Estado de São Paulo.

Comendador DeRose discursando novamente no Palácio do Governo, em 2010, após receber a Medalha da Defesa Civil.

O Governador Serra, do Estado de São Paulo, cumprimentando o Comendador DeRose, após agraciá-lo com o Diploma *Omnium Horarum Homo,* pelo "seu comprometimento com a causa humanitária".

Comendador DeRose com o Governador do Estado de São Paulo, Dr. Geraldo Alckmin.

Comendador DeRose recebendo, das mãos do Comandante PM Telhada, a Medalha da Academia Militar do Barro Branco, em 25 de novembro de 2009. Ao lado, o Prior *Knight Grand Cross of Justice,* Dr. Benedicto Cortez, da *The Military and Hospitaller Order of Saint Lazarus of Jerusalem. Atrás,* o Digníssimo Senhor Presidente da ABFIP ONU, Dr. Walter Mello de Vargas. Perfiladas, outras autoridades.

Comendador DeRose recebendo medalha da OAB
(Medalha Prof. Dr. Antonio Chaves da OAB SP).

Outorga do grau de Grande Oficial da Ordem dos Nobres Cavaleiros de São Paulo, em 29 de janeiro de 2010.

Comendador DeRose recebendo, das mãos do Prof. Michel Chelala, o Colar Marechal Deodoro da Fonseca, no Polo Cultural da Casa da Fazenda do Morumbi.

Comendador DeRose laureado com o Colar da Justiça Militar,
ao lado do Excelentíssimo Senhor Ten. Brigadeiro-do-Ar Carlos Alberto Pires Rolla,
agraciado com a Medalha da Justiça Militar.

Comendador DeRose no Batalhão Tobias de Aguiar (ROTA), recebendo a
"Medalha Brigadeiro Sampaio, Patrono da Infantaria".
À direita, o Desembargador Dr. Júlio Araújo Franco Filho.

O Comandante Geral da Polícia Militar do Estado de São Paulo, Coronel PM Alvaro Batista Camilo, cumprimentando o Comendador DeRose, no Batalhão Tobias de Aguiar (ROTA), após a outorga da "Medalha Brigadeiro Sampaio, Patrono da Infantaria". Atrás, à esquerda, o Digníssimo Senhor Presidente da ABFIP ONU, Dr. Walter Mello de Vargas, que concedeu a honraria em 16 de junho de 2010.

Comendador DeRose, recebendo a Medalha do Mérito Ambiental, outorgada pelo, então, Major PM Benjamin (hoje, Ten. Cel.), Comandante do 7º. Batalhão de Polícia Militar do Estado de São Paulo.

Comendador DeRose, sendo agraciado com o Grão-Colar da
Ordem dos Nobres Cavaleiros de São Paulo, no 1º. Batalhão de Polícia de Choque
da Polícia Militar do Estado de São Paulo.

Comendador DeRose recebendo a Medalha do Jubileu de Prata da ABFIP ONU (alusiva à Peregrinação a Jerusalém pelos expedicionários do Canal de Suez), sendo cumprimentado pelo General Adhemar, Comandante do Comando Militar do Sudeste, ao lado de Sua Alteza Imperial e Real, o Príncipe Dom Bertrand de Orleans e Bragança, no 8º. Batalhão de Polícia do Exército, em dezembro de 2011. Na ocasião, o General Adhemar também foi agraciado com a mesma medalha, que leva posta em seu peito.

Comendador DeRose condecorando oficiais da Polícia Militar.

Comendador DeRose, quando recebeu a Medalha Marechal Trompowsky, na ROTA. Discursando, o Exmo. Sr. General Santini.

Comendador DeRose recebendo o Grão-Colar da Sociedade Brasileira de Heráldica e Humanística, conferido pelo Venerável Grão-Prior Dom Galdino Cocchiaro.

Sua Alteza Imperial e Real, o Príncipe Dom Luiz de Orleans e Bragança, Chefe da Casa Real do Brasil, recebeu homenagem entregue por comandantes do 8º. Distrito Naval.

Foto publicada no jornal *Mundo Lusíada*, de 12 de outubro de 2011, derose.co/mundolusiada.

Dra. Telma Angélica Figueiredo (Juíza-Auditora Diretora do Foro da 2ª. Circunscrição Judiciária Militar) e Comendador DeRose, após descerrarem juntos o quadro que foi oferecido a Sua Alteza D. Bertrand de Orleans e Bragança.

Dr. Walter Mello de Vargas, Presidente da ABFIP ONU; Comendador DeRose, Grão-Mestre da Ordem do Mérito das Índias Orientais; e o adesguiano Gustavo Cintra do Prado✝, secretário da Che-
fia da Casa Imperial do Brasil.

Comendador DeRose recebendo, na Câmara Municipal de São Paulo, o Grão-Colar da Sociedade Brasileira de Heráldica e Humanística, das mãos do Senador Tuma e sob a tutela do Venerável Grão-Prior, Dom Galdino Cocchiaro, à direita.

Exmo. Sr. General Vilela, Comandante Militar do Sudeste; Dr. J.B. Oliveira, da OAB; Comendador DeRose, recebendo a Cruz do Anhembi; Vereador Quito Formiga; Prof. Michel Chelala, do Polo Cultural Casa da Fazenda; Exmo. Sr. Coronel PM Alvaro Batista Camilo, Comandante Geral da Polícia Militar do Estado de São Paulo.

Comendador DeRose com o Grão-Colar de 50 anos
da Sociedade Brasileira de Heráldica e Humanística.

Comendador DeRose ministrando a Aula Magna, após receber o título de Professor Doutor *Honoris Çausa*, em 2010, no Complexo de Ensino Superior de Santa Catarina, Faculdade de Ciências Sociais de Florianópolis.

Comendador DeRose, presidindo a Mesa de Honra, durante solenidade de outorga de comendas do Instituto Histórico e Geográfico de São Paulo, na ABACH.

Comendador DeRose, recebendo a Medalha Simon Bolívar, no Museo Metropolitano, em Buenos Aires.

Dr. Geraldo Alckmin, Governador do Estado de São Paulo, com o Comendador DeRose, no Desfile Militar de 9 de Julho, comemorativo à Revolução Constitucionalista de 1932.

Dr. Marcos Carneiro Lima, Delegado Geral de Polícia, condecorando o Comendador DeRose.

Comendador DeRose, Grão-Mestre da Ordem do Mérito das Índias Orientais; Prof. Adilson Cezar, Presidente do Conselho Estadual de Honrarias ao Mérito; e Dr. Alfredo Duarte dos Santos, do Departamento de Inteligência da Polícia Civil.

Comendador DeRose conversando com o Dr.Ives Gandra, prestigiado jurista brasileiro.

Exmo. Sr. General Adhemar, Comandante do Comando Militar do Sudeste, cumprimentando o Comendador DeRose por mais uma condecoração recebida.
No canto esquerdo, a Profª. Melina Flores, Diretora da Sede Histórica do Rio de Janeiro.

Comendador DeRose recebendo o Busto da Justiça Militar, ao lado da Dra. Telma Angélica Figueiredo (Juíza-Auditora Diretora do Foro da 2a. Circunscrição Judiciária Militar). Também foi agraciado o Dr. J.B. Oliveira, da OAB, à esquerda da foto.

Comendador DeRose cumprimentando o coronel PM Alvaro Batista Camilo, Comandante Geral da Polícia Militar do Estado de São Paulo, e o Exmo. Sr. Dr. Geraldo Alckmin, Governador do Estado de São Paulo, em solenidade na ROTA.

Comendador DeRose, recebendo das mãos do Exmo. Sr. Dr. Geraldo Alckmin, Governador do Estado de São Paulo, a Medalha Comemorativa dos Cem Anos da ROTA.

O Excelentíssimo Sr. Governador do Estado de São Paulo João Doria
com o Comendador DeRose.

Professor Doutor DeRose recebendo o título de Comendador
pela Ordem do Mérito Farmacêutico Militar, do Exército Brasileiro,
das mãos do Comandante Ir∴ Cel. Szelbracikowski, hoje General,
Ao lado, nosso confrade, o Delegado da Polícia Civil Dr. Joaquim Dias Alves.

A DIVULGAÇÃO DESTAS HOMENAGENS E CONDECORAÇÕES NÃO TEM JUSTIFICATIVA NA VAIDADE PESSOAL

É muito bom que ocorram essas solenidades de outorga, pois a opinião pública, nossos instrutores, nossos alunos e seus familiares percebem que há instituições fortes e com muita credibilidade que nos apoiam e reconhecem o valor do trabalho que realizamos pela juventude, pela nação e pela humanidade.

Particularmente, não faço questão de título algum. Meu nome já representa uma carga de autoridade que se basta por si mesma. E sinto que é muito mais carinhoso me tratarem simplesmente por 'DeRose', sem o nome ser precedido por nenhum pronome de tratamento. No entanto, para muita gente, os títulos são necessários para que respeitem a nossa profissão e o nosso ofício.

O TRAJE FORMAL HINDU

O nome internacional do traje formal hindu é **Nehru suit**, em referência ao Primeiro-Ministro da Índia, Nehru, que o tornou conhecido por comparecer a reuniões com chefes de estado e a solenidades com a sua indumentária tradicional. Outro nome da "hindumentária" é *bandhgalá*.

Na verdade, vestimentas tradicionais são aceitas em muitos lugares do mundo, para substituir o *smoking* (*tuxedo*), como, por exemplo, o traje típico do Rio Grande do Sul. Em recepções que exijam *black-tie*, se o gaúcho comparecer pilchado, isto é, de calça bombacha, botas, guaiaca e demais paramentos, essa vestimenta é aceita como de gala.

UM ABISMO ENTRE VAIDADE E CONTINGÊNCIA

Estou ciente de que muita gente no nosso meio precisa se pavonear por uma questão de vaidade pessoal. Gostaria que o prezado amigo compreendesse qual é a minha posição perante títulos e condecorações.

Durante cinquenta anos trabalhei com Yôga. Foram cinquenta anos pugnando pelo reconhecimento e respeito à nossa profissão. Luta inglória, uma vez que do outro lado está a mídia internacional divulgando sistematicamente uma imagem distorcida e fantasiosa sobre o tema.

Desde 1978 tentei a regulamentação da nossa profissão. A de peão de boiadeiro foi regulamentada, mas a nossa foi rejeitada. Desde 1970 vários colegas tentaram fundar uma faculdade de Yôga. Nenhum deles conseguiu que o MEC aprovasse seus projetos. Nesse meio tempo, foram aprovadas faculdades de cabeleireiro e de mais uma porção de profissões humildes. Conclusão: por não ser levada a sério pela Imprensa, nossa profissão, apesar de ser uma filosofia e exigir muito estudo, é situada preconceituosamente abaixo da de cabeleireiro e da de peão de boiadeiro, embora estes sejam respeitáveis ofícios.

Temos profissionais extremamente cultos, sérios e que ocupam posições destacadas na sociedade. Não obstante, se eu for apresentado como Mestre de Yôga, o que se passa imediatamente pela cabeça do interlocutor é que eu trabalhe com religião ou com ginástica. Na sequência, alguém me pergunta se eu fico de cabeça para baixo ou se ponho os pés atrás da cabeça. Ou, ainda, qual é o meu nome verdadeiro. Disparates aviltantes!

Por isso, meu amigo, por uma contingência da profissão, no nosso caso é determinante que contemos com o beneplácito da sociedade na forma de títulos e condecorações. Elas não são incorporadas como artifício para insuflação do ego desta persona e sim para implementar reconhecimento à nossa nobre profissão por parte dos poderes constituídos: Governo do Estado, Assembleia Legislativa, Forças Armadas, ONU, OAB, API, entidades culturais, filantrópicas, heráldicas e nobiliárquicas.

Dessa forma, esperamos que os pais dos nossos alunos concedam a eles mais apoio e compreensão quando seus filhos lhes comuniquem que desejam formar-se conosco e seguir a nossa carreira. Uma carreira que tem mantido dezenas de milhares de jovens longe das drogas, do álcool e do fumo. Se para nada mais servisse a nossa filosofia, somente por isto já seria justificável o respaldo da sociedade brasileira e da Imprensa, bem como o apoio dos pais.

Comendador DeRose

Municipio de São Paulo
Título de Cidadão Paulistano

A Câmara Municipal de São Paulo, atendendo ao que dispõe o Decreto Legislativo nº 85/2007, concede ao Senhor

Comendador DeRose

o título de

Cidadão Paulistano

Palácio Anchieta, 27 de junho de 2007

Antonio Carlos Rodrigues
Presidente

Donato
1º Secretário

José Rolim
Vereador Proponente

CARTA DO PRESIDENTE DAS NAÇÕES UNIDAS

New York, November 06th, 2011

Dear Ms. Alessandra M. S. Roldan,

Your request has been received and will be answered within 90 days.

We have great pleasure in knowing the history of the Lord LSADeRose and his struggle to keep youngsters away from drugs and alcohol.

It is a pleasure for us to recognize how this works.

With votes from consideration.

Our best regards and thanks;

Mr. Ban Ki-moon

UNITED NATIONS

CESUSC

Complexo de Ensino Superior de Santa Catarina

Credenciada pela Portaria MEC n.109 de 10 de fevereiro de 2000 (DOU 11.02.200)

Diploma

A Faculdade de Ciências Sociais de Florianópolis,
mantida pelo Complexo de Ensino Superior de Santa Catarina – CESUSC,
tem a honra de conferir o título de Professor Doutor Honoris Causa a

DeRose, L.S.A.

e outorga-lhe o presente diploma
como homenagem e reconhecimento pela sua eminente
trajetória acadêmica e importantíssima contribuição para a sociedade

Florianópolis, 10 de setembro de 2010

Prof. Dr. Edmundo Lima de Arruda Junior
Presidente Honorífico CESUSC

Faculdades Integradas Coração de Jesus

Confere a: **Mestre DeRose, L.S.A.,**
o certificado de *NOTÓRIO SABER EM YÓGA*

Como reconhecimento do título de Mestre em Yóga, pelos mais de quarenta anos de magistério, pelos estudos que desenvolveu em sua área de abrangência em prol dos instrutores e praticantes de Yóga, bem como pelos relevantes serviços prestados à educação e cultura, sempre fundamentados na ética, seriedade e honestidade.

Por sua dedicação, obstinação e coragem, conquistou o respeito e reconhecimento de nossa entidade.

Santo André, 26 de setembro de 2004.

FACULDADES INTEGRADAS CORAÇÃO DE JESUS - FAINC
THERESINHA CARVALHO CASTRO
Diretora Geral

FACULDADE PITÁGORAS

EXPEDE O PRESENTE CERTIFICADO DE

NOTÓRIO SABER

Ao Prof. DeRose, L.S.A., no grau de Mestre em Yôga, em reconhecimento aos tantos anos em que ministrou o Curso de Formação de Instrutores de Yôga nas Universidades Federais, Estaduais e Católicas do Brasil, desde a década de 1970.

Belo Horizonte, 14 de junho de 2008.

Assinatura
Nome e cargo MARIA LÚCIA RODRIGUES CORRÊA - COORDENADORA DE PÓS-GRADUAÇÃO.

RECOMENDAÇÃO DO EMBAIXADOR DA ÍNDIA EM PORTUGAL

EMBASSY OF INDIA
RUA DAS AMOREIRAS, 72 - D. 8.º
1200 LISBON

No. LIS/551-1/86   July 1, 1986

      I am happy to have known UniYoga - União
Nacional de Yoga de Portugal, led by Prof. De Rose,
with Head Office in Lisbon. I appreciate its
dedicated and serious efforts in practising and making
better known the ancient system of Yoga, whose value
continues to be recognized in modern times. I wish
success to those efforts, and commend all assistance
and support to the work of UniYoga centres and the
publication of their magazine "UniYoga".

(A.N.D. Haksar)
Ambassador of India

AGRADECIMENTO DE SHRÍ RAVI SHANKAR

Dear Shree Rose,
I am charmed and
impressed by your
book! Thankyou
for spreading this
great heritage
of India to the
people of Brazil.

[assinatura] 9. sept. '71

RAVI SHANKAR

DIA ESTADUAL DO YÔGA
18 DE FEVEREIRO

O DIA DO ANIVERSÁRIO DO MESTRE DeROSE AGORA É O DIA DO YÔGA NO ESTADO DE SÃO PAULO.

Diário Oficial
Estado de São Paulo
GERALDO ALCKMIN
GOVERNADOR

PODER EXECUTIVO

SEÇÃO 1

LEI Nº 11.647, DE 13 DE JANEIRO DE 2004

(Projeto de lei nº 504/2001, do deputado Edson Aparecido - PSDB)

Institui o "Dia do Yôga"

O GOVERNADOR DO ESTADO DE SÃO PAULO:

Faço saber que a Assembléia Legislativa decreta e eu promulgo a seguinte lei:

Artigo 1º - Fica instituído o "Dia do Yôga", a ser comemorado, anualmente, no dia 18 de fevereiro.

Artigo 2º - Esta lei entra em vigor na data de sua publicação.

Palácio dos Bandeirantes, 13 de janeiro de 2004.

GERALDO ALCKMIN
Cláudia Maria Costin
Secretária da Cultura
Arnaldo Madeira
Secretário - Chefe da Casa Civil
Publicada na Assessoria Técnico-Legislativa, aos 13 de janeiro de 2004.

Ao todo são agora CATORZE ESTADOS que instituíram por lei estadual o dia 18 de fevereiro como Dia do Yôga: São Paulo, Rio de Janeiro, Paraná, Santa Catarina, Rio Grande do Sul, Minas Gerais, Bahia, Mato Grosso, Mato Grosso do Sul, Pará, Goiás, Piauí, Ceará. E mais o Distrito Federal.

ALL OVER THE WORLD

Dispomos de centenas de Instrutores Credenciados em todo o Brasil, Argentina, Chile, Portugal, Espanha, França, Itália, Inglaterra, Escócia e Estados Unidos. Desejando a direção da Unidade mais próxima, visite o nosso *site* **www.DeRoseMethod.org** ou entre em contato com a Sede Central, tel.: (11) 3064-3949 e (11) 3082-4514.

FACILIDADE AOS NOSSOS ALUNOS: Se você estiver inscrito em qualquer uma das Unidades Credenciadas, terá o direito de frequentar gratuitamente várias outras Credenciadas quando em viagem, desde que comprove estar em dia com a sua Unidade de origem e apresente o nosso passaporte acompanhado dos documentos solicitados (conveniência esta sujeita à disponibilidade de vaga).

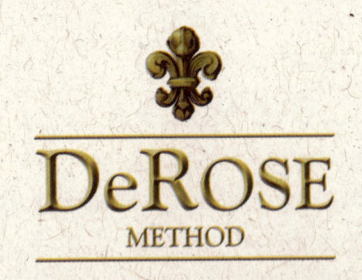

DeROSE
METHOD

SÃO PAULO – AL. JAÚ, 2000 – TEL. (11) 3081-9821 E 3088-9491.
RIO DE JANEIRO – AV. COPACABANA, 583 CONJ. 306 – TEL. (21) 2255-4243.
Os demais endereços atualizados você encontra no nosso *website*:

www.DeRoseMethod.org

Entre no nosso *site* e assista gratuitamente mais de 80 aulas do Sistematizador DeRose sobre: sânscrito, alimentação inteligente, corpos do homem e planos do universo, o tronco Pré-Clássico, a relação Mestre/discípulo na tradição oriental, hinduismo e escrituras hindus, e outras dezenas de assuntos interessantes.

Faça *download* gratuito de vários livros do escritor DeRose, bem como CDs com aulas práticas, meditação, mensagens etc., além de acessar os endereços de centenas de instrutores de diversas linhas.

E, se gostar, recomende nosso *site* aos seus amigos!

MATERIAL DIDÁTICO DISPONÍVEL NAS ESCOLAS E ASSOCIAÇÕES FILIADAS AO DeRose Method

DOWNLOAD GRATUITO

Você pode estudar em vários destes livros sem ter que comprá-los. Basta entrar no site www.DeRoseMethod.org e fazer *free download* de vários dos títulos abaixo, inclusive alguns noutras línguas. Nosso escopo ao escrever livros e ao manter um *website* é permitir a todos o acesso a esta cultura sem custo algum.

Pedidos destes livros podem ser feitos para o Selo Editorial Egrégora
Alameda Jaú, 2000 – CEP 01420-002, São Paulo, SP – Brasil
egregorabooks.com

Ou falando diretamente com a Profª. Emanuelle Bonfim: secretaria@metododerose.org
ou telefone para (+55 11) 3081-9821 ou 99976-0516.

QUANDO É PRECISO SER FORTE
A AUTOBIOGRAFIA DO ESCRITOR DeRose

Em suas mais de 600 páginas, este livro, profusamente ilustrado com dezenas de fotos, instrui e distrai com um refinado senso de humor, descrevendo de maneira impecável as boas e más experiências de vida do Prof. DeRose no colégio interno, no exército, nas universidades, nas sociedades secretas, na família, nas relações afetivas, relatando viagens, descobertas e percepções proporcionadas por mais de duas décadas de contato com monges nos Himálayas. No texto de *Quando é Preciso Ser Forte* encontramos passagens que nos fazem dar boas risadas e outras que nos arrancam lágrimas sentidas, enquanto acompanhamos a saga do autor na luta pelo reconhecimento do seu trabalho. São crônicas, casos reais, história, filosofia, ética, romance e mais um universo de conhecimentos. Existe amor nesta publicação. O amor de um homem por uma Filosofia e sua certeza de que contribuiu para que ela fosse respeitada.

A obra aborda história, filosofia, romance, drama, ocultismo, orientalismo, empreendedorismo, cultura e poesia. O autor flui com facilidade e harmonia de um tema para o outro, deixando o conteúdo bem equilibrado e prendendo a atenção do início ao fim da leitura. Alguns leitores não conseguem parar de ler enquanto não chegam ao final. Muitos releem o livro outra e outra vez, pois, embora não seja a proposta do autor, a obra acaba se tornando uma boa conselheira para a vida.

A utilização de um precioso amálgama entre a linguagem coloquial e a norma culta, entre o vocabulário existente e algumas alquimias bem sucedidas com neologismos aplicados na hora certa, os inteligentes jogos de palavras temperados com alguma irreverência, tudo isso constitui uma maneira nova e inusitada de escrever que torna a leitura muito agradável. Trata-se de um estilo literário diferente, em que o leitor é colocado dentro do livro, ao lado do autor, enquanto este toma-o pelo braço e vai contando sua história.

TRATADO DE YÔGA

Um clássico. É considerada uma obra canônica, a mais completa do mundo em toda a História do Yôga, com 940 páginas e mais de 2000 fotografias.

- 32 mantras em sânscrito;
- 108 mudrás do hinduísmo (gestos reflexológicos) com suas ilustrações;
- 27 kriyás clássicos (atividades de purificação das mucosas);
- 54 exercícios de concentração e meditação;
- 58 pránáyámas tradicionais (exercícios respiratórios);
- 2100 ásanas (técnicas corporais) com as suas fotos.

Apresenta capítulos sobre karma, chakras, kundaliní e samádhi (o autoconhecimento). Oferece ainda um capítulo sobre alimentação e outro de orientação para o dia-a-dia do praticante de Yôga (como despertar, o banho, o desjejum, a meditação matinal, o trabalho diário etc.). É o único livro que possui uma nota no final dos principais capítulos com orientações especialmente dirigidas aos instrutores de Yôga. Indica uma bibliografia confiável, mostra como identificar os bons livros e ensina a estudá-los.

Confirme nesta amostra de 100 páginas: derose.co/pequenoextrato-tratado

MEDITAÇÃO

Para ensinar meditação, é imprescindível que o ministrante tenha experiência prática e anos de adestramento, para que saiba solucionar as dificuldades dos alunos. Prof. DeRose comemora mais de 50 anos ensinando meditação nas universidades federais, estaduais e católicas de quase todos os estados do Brasil, em cursos de extensão universitária, e também em instituições de ensino superior da Europa. Quanto à experiência pessoal, o Preceptor DeRose já vivenciou estados que se encontram um patamar acima da meditação, algumas vezes na própria Índia, para onde viajou durante 24 anos.

KARMA E DHARMA

Não acha que já está na hora de você tomar as rédeas da sua própria vida? Mudar de destino é muito fácil, se você conhecer as leis que regem o universo. O autor mudou seu destino, pela primeira vez, aos 14 anos de idade. Descobriu como era simples e, pela vida afora, exercitou a arte de alterar os desígnios da sua existência, e ensinou, aos seus alunos, como conquistar o sucesso profissional, a felicidade, a saúde, a harmonia familiar e boas relações afetivas. A vida do autor é o melhor exemplo da eficácia dos seus ensinamentos.

ANJOS PELUDOS - MÉTODO DE EDUCAÇÃO DE CÃES

Muitos humanos tratam seus cães como pessoas da família. Está certo ou errado? Outros tratam cachorro como bicho, mas sob aquela óptica de que animal tem que viver lá fora e não pode entrar em casa. Se fizer frio ou chover, o bicho que se vire, encolhido, tremendo, lá na sua casinha de cachorro alagada e sem proteção contra o vento e as intempéries. Entre os dois extremos talvez esteja você. Certamente, se este livro despertou o seu interesse a ponto de ler este texto, você está mais para o primeiro caso do que para o segundo. Então, é com você mesmo que eu quero compartilhar o que assimilei nos livros, nos diálogos com adestradores, mas, principalmente, o que eu aprendi com a própria Jaya, minha filhota tão meiga.

MÉTODO DE BOAS MANEIRAS

A maior parte das normas de conduta surgiram de razões práticas. Se você conseguir descobrir o veio da consideração humana, terá descoberto também a origem de todas as fórmulas da etiqueta. Tudo se resume a uma questão de educação.

Boas maneiras constituem a forma de agir em companhia de outras pessoas, de modo a não invadir o seu espaço, não constrangê-las e fazer com que todos se sintam bem e à vontade na sua companhia. Por isso, boas maneiras são uma questão de bom-senso.

O melhor deste livro é que sua leitura divertirá e ilustrará bastante. Então, aproveitemos!

MÉTODO DE BOA ALIMENTAÇÃO

O que seria uma "Boa Alimentação"? Sob a ótica de um nutrólogo ou nutricionista, é a que nutre bem. Sob o prisma de um terapeuta, boa alimentação é a que traz saúde, vitalidade, longevidade. No de quem quer emagrecer, é a que não engorda. De acordo com os ambientalistas, boa alimentação é aquela que agride menos o meio ambiente e preserva os animais. Na opinião de um chef-de-cuisine, boa alimentação é aquela elaborada com produtos de excelente procedência, preparados com arte e que resultem em um sabor refinado, bem como uma apresentação sofisticada no prato.

No nosso caso, consideramos como boa, uma alimentação que inclua todos esses fatores. Mas, ao mesmo tempo, que não seja um sistema difícil, nem estranho, nem estereotipado. Precisamos ter a liberdade de entrar em qualquer restaurante ou lanchonete e comer o que nos der mais prazer. Como conciliar isso com o conceito de Boa Alimentação? Isso é o que este livro vai lhe ensinar, de forma simples e descontraída.

MÉTODO PARA UM BOM RELACIONAMENTO AFETIVO

Finalmente, um livro que diz tudo, sem meias palavras, com seriedade e usando uma linguagem compreensível. Era assim que queríamos ler sobre esse emaranhado emocional que são as relações afetivas. Dos livros que tentam dissertar sobre o tema, a maior parte é maçante. Os outros, populares demais. Estava faltando um livro pequeno, mas profundo; culto, mas escrito em linguagem coloquial; e que não fosse elaborado por um teórico no assunto, mas por alguém com experiência prática, real e incontestável. Bom Relacionamento Afetivo é tudo isso. E mais: é o presente ideal para o namorado ou namorada, marido ou esposa e, até, para os "melhores amigos". Ofertar este livro é abrir a visão da pessoa que você ama para novos valores e colocar a felicidade em suas mãos.

MENSAGENS

Este é um livro que reúne as mensagens mais inspiradas, escritas pelo Prof. DeRose em momentos de enlevo, durante sua trajetória como preceptor desta filosofia iniciática. Aqui, compilamos todas elas, para que os admiradores desta modalidade de ensinamento possam deleitar-se com a força do verbo. É interessante como o coração realmente fala mais alto. Muita gente só compreendeu o ensinamento do Sistematizador DeRose quando leu suas mensagens. Elas têm o poder de catalisar a força interior de quem as lê e desencadear um processo de modificação do caráter, através da potencialização da vontade e do amor.

CHAKRAS E KUNDALINÍ

Para os estudiosos que já leram tudo sobre chakras e kundaliní, esta obra é uma preciosidade, pois acrescenta dados inéditos que se mostram extremamente lógicos e coerentes, mas que não se encontravam em parte alguma, antes desta publicação.

Por outro lado, a linguagem do livro é acessível e torna o assunto muito claro para quem ainda não conhece nada a respeito. Isso, aliás, é uma característica do autor. O escritor DeRose consegue transmitir profundos conhecimentos iniciáticos, com uma naturalidade e clareza que impressionam os eruditos.

De onde DeRose recebeu tantos ensinamentos? E como consegue demolir o mistério que os envolvia, tornando o tema tão simples? Se você tivesse estudado o assunto desde a adolescência, se houvesse se dedicado ao seu magistério durante mais de meio século, se tivesse viajado para os mosteiros dos Himálayas durante 25 anos, é bem provável que também manifestasse a mesma facilidade para lidar com o hermetismo hindu.

CORPOS DO HOMEM E PLANOS DO UNIVERSO

Diversas filosofias abordam este tema, entre elas o Sámkhya, o Vêdánta, a Teosofia, a Rosacruz e muitas outras. Todas procuram esclarecer o leigo a respeito das várias dimensões, nas quais o ser humano consegue se manifestar no atual status evolutivo. Para atuar em cada plano do universo, precisamos utilizar um veículo ou "corpo" de substância que tenha o mesmo grau de densidade ou de sutileza da respectiva dimensão. É em um desses corpos sutis que se encontram os chakras e a kundaliní. Neste livro, o escritor DeRose utiliza sua experiência de mais de meio século de ensino para tornar a matéria facilmente compreensível, mesmo ao iniciante mais leigo. Por outro lado, – e isto é uma característica deste autor – apesar de ser compreendido pelos iniciantes, consegue acrescentar muito conhecimento profundo aos estudiosos veteranos e aos eruditos no tema. Este é um dos oito livros menores que foram combinados para formar o Tratado de Yôga, do Sistematizador DeRose.

EU ME LEMBRO...

Poesia, romance, filosofia. Como o autor muito bem colocou no Prefácio, este livro não tem a pretensão de relatar fatos reais ou percepções de outras existências. Ele preferiu rotular a obra como ficção, a fim de reduzir o atrito com o bom-senso, já que há coisas que não se podem explicar. No entanto, é uma possibilidade no mínimo curiosa, que o escritor DeRose assim o tenha feito pelo seu proverbial cuidado em não estimular misticismo nos seus leitores, mas que se trate de lembranças de eventos verídicos do período dravídico, guardados no mais profundo do inconsciente coletivo. Disponível em papel e em audiobook na voz do autor.

YÔGA SÚTRA

O Yôga Sútra é o livro do Yôga Clássico, cuja característica é a divisão em oito partes: yama, niyama, ásana, pránáyáma, pratyáhára, dháraná, dhyána e samádhi. Intelectuais de todos os países cultos publicaram comentários sobre o Yôga Sútra. Seminários, debates, cursos e colóquios a respeito dele realizamse sistematicamente em universidades, sociedades filosóficas e instituições culturais da Índia e do mundo todo. Nenhum estudioso que deseje conhecer mais profundamente o Yôga, pode progredir nos seus estudos sem passar pela pesquisa histórica e filosófica do Yôga Sútra. Ninguém pode declarar que pratica ou ensina Yôga Clássico, sem adotar este livro como texto básico, no qual devem ser pautadas todas as aulas e conceitos aplicados.

A Medalha com o ÔM

Cunhada em forma antiga, representa de um lado o ÔM em alto relevo, circundado por outras inscrições sânscritas. No reverso, o ashtánga yantra, poderoso símbolo do SwáSthya Yôga. O ÔM é o mais importante mantra do Yôga e atua diretamente no ájñá chakra, a terceira visão, entre as sobrancelhas. Para maiores informações sobre o ÔM, a medalha, o ashtánga yantra e os chakras, consulte o livro *Tratado de Yôga*.

Medalhão de parede

Lindíssima reprodução da medalha em cartão, com cerca de 30 cm de diâmetro, para ornamentar a parede do quarto, da sala, ou da sua empresa.

Você pode adquirir estes livros nas melhores livrarias, pela Amazon, por encomenda na Livraria Cultura, na Saraiva ou pelos telefones:
(11) 3081-9821, 3088-9491 ou 99312-6714.
www.egregorabooks.com
ou na Alameda Jaú, 2000, São Paulo, SP

Vários destes livros foram disponibilizados gratuitamente na Fan Page do escritor DeRose: https://www.facebook.com/professorderose

DeRose foi o primeiro autor a conseguir isso dos seus editores, liberando seus livros, CDs e DVDs sem cobrar nada.

Você gostaria de assistir sem custo algum a mais de uma centena de webclasses? Tudo isso está disponível no site:

www.DeRoseMethod.org